C PROGRAMMING

쉽게 배우는 C언어 프로그래밍

이 희 영

이 책은 C언어 학습자를 위해 집필하였으며 C언어의 기초 지식 학습은 물론 실제 문제를 C언어 프로그래밍 예제를 통하여 쉽게 배울 수 있도록 기술하였다. 또한 각 단원의 내용을 실습을 통하여 확실히 이해하고 복습할 수 있도록 적합한 예제를 단계별로 제시하였으며 깊이 있는 학습의 욕구를 충족시키기 위하여 각장마다 다양한 연습문제를 실어 프로그래밍 기술의 향상에 도움이 되도록 하였다

도서출판 GS인터비전

머 리 말

C언어는 미국 Bell 연구소의 Dennis Ritche에 의해서 개발된 언어로 기존의 다른 프로그래밍 언어에 비해 이식성, 범용성, 유연성, 효율성 등이 우수하여 최근 여러 분야에서 널리 사용되는 프로그래밍 언어이다.

C언어는 고급 언어(High-Level Language)에 속하지만 어셈블리어와 같은 낮은 수준의 언어가 갖는 기능 때문에 하드웨어에 접근이나, 시스템 제어에 우수한 특징이 있어 IT분야의 각광받는 언어로 중심 영역을 지키고 있다.

이 책은 C언어 학습자를 위해 집필하였으며 C언어의 기초 지식 학습은 물론 실제 문제를 C언어 프로그래밍 예제를 통하여 쉽게 배울 수 있도록 기술하였다.

또한 각 단원의 내용을 실습을 통하여 확실히 이해하고 복습할 수 있도록 적합한 예제를 단계별로 제시하였으며 깊이 있는 학습의 욕구를 충족시키기 위하여 각장마다 다양한 연습문제를 실어 프로그래밍 기술의 향상에 도움이 되도록 하였다

각 장의 구성에 대해서 간략하면 다음과 같다.

1장에서는 C언어의 역사와 구성에 관한 개요를 기술하였으며, 2장에서는 기본 자료형으로 정수형, 부동소수점형, 문자형에 대해서 다루었다. 3장에서는 기본 입출력 함수에 대해서, 4장에서는 연산자의 종류와 사용 방법을 설명하고, 5장에서는 문장 실행을 제어하는 선택문, 반복문, 분기문에 관한 사항을 다루었다. 6장에서는 구조적

프로그래밍에 필수적인 함수의 사용 방법과 변수영역 및 기억 클래스를 설명하였으며, 7장에서는 배열의 정의와 포인터와의 관계를 다루었으며, 8장에서는 문자열과 포인터의 관계를 상세히 기술하고 문자열 처리 함수를 소개하였다. 9장에서는 C언어의 융통성과 확장성을 향상시키는 선행 처리 지시자에 대하여 설명하고, 10장에서는 구조체, 공용체, 비트 필드에 관련된 사항을 다루었다. 11장에서는 표준 입출력 함수의 기능과 사용방법 및 파일 처리와 관련된 함수를 중심으로 기술하였으며, 12장에서는 UNIX환경에서 사용자에게 더욱 친근감을 주는 프로그래밍 작성을 위한 화면제어 CURSES의 사용 예를 기술하였다.

이 책의 미비한 사항에 대해서는 추후 계속적으로 수정· 보완 할 것을 약속드리며 본 저서가 C언어를 공부하는 많은 학습자에게 큰 도움이 되기를 기대해 본다.

끝으로 이 책이 출판되기까지 건강으로 인도해 주신 하나님께 감사드리며, 출판을 위해 수고해 주신 GS인터비전 출판사 관계자께 진심으로 감사를 표한다.

2010년 10월

이 희 영

차　례

제1장　C언어 개요

1.1　C 언어의 역사　/　3

1.2　C 언어의 구성　/　3

- 1.2.1　main() 함수　/　3
- 1.2.2　주석문(Comment)　/　4
- 1.2.3　사용문자(Characters Used)　/　4
- 1.2.4　식별자(Identifier)　/　5
- 1.2.5　상수(Constants)　/　5
- 1.2.6　예약어(Reserved word, keyword)　/　6
- 1.2.7　프로그램 구조　/　7

연습문제　/　9

제2장　기본 자료형

2.1　자료형(Data type)　/　13

2.2　정수형(int형)　/　14

2.3　부동소수점형(float, double형)　/　16

2.4　문자형(char형)　/　16

연습문제　/　20

제3장 기본 입출력 함수

3.1 printf()함수 / 23
3.1.1 출력 형식의 응용 / 24
3.1.2 printf()의 예제 / 25
3.2 scanf() 함수 / 30
3.2.1 scanf() 함수의 형식 / 30
3.2.2 scanf() 의 예제 / 31
3.3 getchar()함수와 putchar()함수 / 33
3.4 자료형의 변환(Data type conversion) / 36
3.4.1 자동변환(Automatic conversion) / 36
3.4.2 cast 연산자(Cast operator) / 37
연습문제 / 39

제4장 연산자

4.1 산술 연산자(Arithmetic operator) / 43
4.2 배정 연산자(Assignment operator) / 44
4.3 관계 연산자(Relational operator) / 46
4.4 논리 연산자(Logical operator) / 48
4.5 증가 연산자, 감소 연산자
(Incremental operator,decremental operator) / 51
4.6 비트 연산자(Bitwise operator) / 53
4.7 복합 배정 연산자(Compound assignment operator) / 57
4.8 컴마 연산자(Comma operator) / 59
4.9 조건 연산자(Conditional operator) / 60

4.10 sizeof() 연산자 / 62
연습문제 / 63

제 5 장 제어문

5.1 선택문(Alternative statement) / 69
5.1.1 단순 if 문 / 69
5.1.2 if-else문 / 71
5.1.3 중첩된(Nested) if문 / 73
5.1.4 else-if문 / 75
5.1.5 switch문 / 77
5.2 반복문(Iterative Statement) / 81
5.2.1 while문 / 81
5.2.2 do-while문 / 84
5.2.3 for 문 / 87
5.3 분기문(Branching statements) / 91
5.3.1 break문 / 91
5.3.2 continue문 / 92
5.3.3 goto문 / 92
연습문제 / 96

제 6 장 함수와 변수

6.1 개요 / 105
6.2 함수의 구조 / 105
6.3 함수의 인수(Argument) / 106
6.4 return문 / 108

6.5 함수의 자료형 / 108

6.6 수치 함수(Mathematical function) / 112

6.7 변수의 영역(Scope) / 113

6.8 기억 클래스(Storage class) / 114

6.8.1 자동 변수(Automatic variable) / 115
6.8.2 정적 변수(Static variable) / 117
6.8.3 외부 변수(Extern variable) / 120
6.8.4 레지스터 변수 (Register variable) / 124

6.9 순환 함수(Recursion function) / 128

연습문제 / 133

제 7 장 배열과 포인터

7.1 일차원 배열(One dimensional array) / 143

7.2 다차원 배열(Multi-dimensional array) / 147

7.3 포인터(Pointer) / 151

7.3.1 포인터의 개념 / 152
7.3.2 포인터 변수의 선언 / 152
7.3.3 포인터 변수의 연산자 / 154
7.3.4 포인터와 함수 / 158
7.3.5 1차원 배열과 포인터 / 163
7.3.6 다차원 배열과 포인터 / 166
7.3.7 함수 간 배열 전달 / 171

연습문제 / 177

제8장 문자열과 문자열 처리 함수

8.1 문자열(String)의 정의 / 185

8.2 문자열 상수(String constants) / 185

8.3 문자배열과 문자열 초기화(Initialization) / 186

8.4 문자열 배열 / 188

8.5 main()함수의 인수(Argument) / 191

8.6 문자열 처리함수 / 193

8.7 문자열 입출력 함수 / 201

8.7.1 gets()함수 / 201

8.7.2 puts()함수 / 202

8.8 문자 처리 함수 / 204

연습문제 / 207

제9장 선행처리 지시자

9.1 #define / 215

9.2 #include / 221

9.3 #undef / 224

9.4 #if, #else, #elif, #endif / 225

9.5 #ifdef, #ifndef / 226

9.6 #line / 228

연습문제 / 230

제10장 구조체와 공용체

10.1 구조체(Structure)의 개요 / 237

10.2 구조체의 정의 / 239

10.3 구조체의 초기화 / 242

10.4 멤버(Member)의 접근 방법 / 244

10.5 구조체의 배열과 포인터 사용 / 246

10.6 구조체 포인터 연산자(->)의 이용 / 249

10.7 구조체의 중첩 / 252

10.8 구조체와 함수 / 254

10.9 구조체 배열을 함수에 전달 / 258

10.10 자신을 참조하는 구조체 / 259

10.11 malloc()함수 이용 / 262

10.12 공용체(Union) / 265

10.13 typedef문 / 268

10.14 비트 필드(Bit field) / 270

10.15 열거형(Enumeration) / 271

연습문제 / 273

제11장 입력과 출력

11.1 표준(Standard) 입력과 출력 / 283

11.2 형식화된(Formatted)출력 함수 printf() / 285

11.3 형식화된(Formatted) 입력함수 scanf() / 289

11.4 화일 처리(File handling)함수 / 295
11.4.1 스트림(Stream)과 화일의 개념 / 295
11.4.2 fopen() / 296
11.4.3 fclose() / 297
11.4.4 fprintf(), fscanf() / 298
11.4.5 getc(), putc() / 300
11.4.6 fgetc(), fputc() / 303
11.4.7 fgets(), fputs() / 304
11.4.8 ungetc() / 306
11.4.9 stdin,stdout,stderr / 308
11.4.10 feof(), ferror(), clearerr() / 310
11.4.11 fread(), fwrite() / 314
11.4.12 exit() / 316
11.4.13 fseek() / 317
11.4.14 ftell() / 319
11.4.15 rewind() / 320
11.4.16 fflush() / 322
11.4.17 fsetpos(), fgetpos() / 322
연습문제 / 324

제12장 화면 제어

12.1 화면 처리(Screen handling) / 333
12.2 curses의 구성 / 333
12.3 include 및 컴파일(Compile) / 334
12.4 사용화면 / 334
12.5 규정 / 335
12.6 출력장치 환경 / 336

12.7 스크린의 초기화 / 336

12.8 스크린 scrolling / 337

12.9 화면 갱신 / 337

12.10 화면 입력 / 338

12.11 처리 종료(Processing Exit) / 338

12.12 화면 제어 사례 / 338

12.12.1 문자의 출력 / 338

12.12.2 문자의 특성 지정 / 341

12.12.3 출력장치 모드 설정 / 343

12.12.4 window사용 / 346

연습문제 / 353

부록 369

찾아보기 379

Chapter 1

C 언어의 개요

1.1 C 언어의 역사

C언어는 1972년 미국의 Bell연구소의 Dennis Ritchie에 의해 개발된 범용 언어이다. C언어는 어떤 기종의 컴퓨터에서도 수행특성이 양호한 이식성 높은 UNIX운영체제를 개발할 목적으로 Ken Tompson의 B언어를 모체로 개발되었다. 따라서 UNIX운영체제의 90% 이상이 C언어를 이용하여 작성되었고 대중소형의 컴퓨터에 대한 UNIX운영체제의 보급에 따라 C언어 사용이 점차 확대되고 있다. C언어는 고급언어이면서 어셈블리어 처럼 저급언어가 가지는 특성을 가지고 있기 때문에 실행속도가 빠르며 시스템 프로그래밍에 적합한 언어로 선호되고 있다. C언어는 이식성이 뛰어나고 구조화 프로그램(structured program)의 구현에 적합하다. 그 밖에 다양한 제어구조와 데이터형, 타언어에 비해 풍부한 연산자를 가지고 있어 융통성이 크다는 특징 때문에 여러 분야에서 널리 사용되고 있다.

1.2 C 언어의 구성

1.2.1 main() 함수

C프로그램은 예제 1-1과 같이 한개 이상의 함수로 구성되는데 모든 프로그램에는 반드시 main()이라는 주함수가 반드시 있어야 하며 main()함수로 부디 가장 먼저 실행된다.

예 제 1-1 main()함수를 사용한 간단한 프로그램

```
#include<stdio.h> /* 헤더파일 stdio.h 포함 */
int main(void)    /* 주함수 */
 {  /* 함수의 시작 */
    printf("The powerful C Language.\n");
    return 0; /*정수값 0을 반환 */
 }  /* 함수의 끝 */
```

함수의 범위를 나타내는 본체는 주괄호 { 와 } 사이에 기술하며 또 다른 함수를 선언하는 문장과 각종 실행문장을 기술한다.

int main(void)에서 int는 main()함수가 정수형임을 나타내며 return 0;은 프로그램이 정상적으로 종료시 0을 반환한다는 의미이고, void는 main()함수의 인수가 없음을 의미한다.

예제 1-1은

'The powerful C Language.'

라는 문장을 출력하는 프로그램이다.

1.2.2 주석문(Comment)

주석문은 프로그램의 필요한 부분에 설명을 붙여 프로그램을 쉽게 이해하도록 하기 위해 사용하는 것으로 /* */의 기호 안에 표현한다.

주석문은 컴파일 되지 않으며 한줄 이상에 겹쳐 쓸 수 있으나, 중첩(nest)시키지 못한다.

예 제 1-2 주석문 사용 예

```
#include<stdio.h> /* This is a sample for comment */
int main(void)  /* 주함수 */
{       /* 함수 본체 시작 */
  printf("This is a sample.\n"); /* 출력문 */
  return 0;
} /* 함수 본체 끝 */
```

(실행 결과)

```
This is a sample.
```

1.2.3 사용 문자(Characters Used)

C 프로그램에서 사용할 수 있는 문자는 다음과 같다.

- 소문자(lower case letter) a b c d… z

- 대문자(upper case letter) A B C D… Z
- 숫 자(digit) 0 1 2 3… 9
- 특수문자(special characters) +-*/=(){}[]〈〉'!#$%_|^~\,/;:"
- 비출력문자(white space), 공백문자(blank), 개행문자, 탭문자

1.2.4 식별자(Identifier)

식별자는 문자, 숫자 그리고 밑줄(_)의 연속으로 변수명, 함수명, 배열명 등을 통칭하는 말로 명칭(name)이라고도 하며 다음과 같은 규칙을 갖는다.

- 식별자는 영문자와 숫자, 밑줄문자(_)로 구성되며 반드시 첫 글자는 영문자나 밑줄문자로 시작되어야 한다.
- 하나의 식별자 안에 공백은 사용할 수 없다.
- 대문자와 소문자는 서로 다른 문자로 구분된다.
- 한 식별자의 유효 길이는 시스템에 따라 다르나 8자까지만 유효 문자로 인식한다.
- 예약어(reserved word)는 식별자로 사용할 수 없다.

(옳은 식별자 예)	(틀린 예)
north	$sign
_idnum	2wins
ACE	Lee's
tax_rate	ht-line

1.2.5 상수(Constants)

자료 중에는 프로그램이 수행되는 동안에 변할 수 있는 변수(variable) 자료와 달리 변하지 않는 상수 자료가 존재한다. 자료형에 따라 다음과 같이 분류되며 자세한 것은 2장에서 자세히 설명하기로 한다.

(1) 숫자 상수

정수형 상수(integer constant)

예) 34, -476, 74L, 0x36

부동소수형 상수(floating point constant)

예) 71.94, -8.3, 8.6E+5

(2) 문자 상수(character constant)

예) 'a', '\n', '7'

(3) 문자열 상수(character string constant)

예) "stop", "A", "Alumni"

(4) 기호 상수(symbolic constant)

예) #define PI 3.141592

1.2.6 예약어(Reserved word, keyword)

C언어에는 표 1.1에 보인 바와 같이 특별한 의미를 가지고 사용하는 그 기능이 정해진 단어가 있으며 이들을 예약어라 부른다. 예약어의 경우 변수 명이나 함수명 등으로 사용할 수 없다.

(표 1-1) 예약어

auto	else	long	tyoedef
break	enum	register	union
case	extern	return	unsigned
char	float	short	void
continue	for	sizeof	while
default	goto	static	
do	if	struct	
double	int	switch	

1.2.7 프로그램 구조

다음의 C언어로 작성된 간단한 예제 프로그램을 통해서 C프로그램의 일반적인 구조를 설명해 본다.

예 제 1-3 프로그램구조

```
#include<stdio.h>
int main(void)
 {
        void title();
        int trees = 3, fruits ;
        /*  변수의 자료형 선언문 */
        fruits =  30 * trees ;
        /* 대입문 */
        title();  /* 함수 호출문 */
        printf(" There are %d fruits on the %d trees.\n",
               fruits, trees);
        /* 표준 출력 함수 */
        return 0;
 }
       /* 함수 프로그램 */
void title()
 {
        printf("How many fruits on the trees?\n");
 }
```

위 프로그램의 실행 결과는 다음과 같다.

```
How many fruits on the trees?
There are 90 fruits on the 3 trees.
```

예제 1-3에서 다음 문장

```
int trees = 3, fruits;
```

는 선언문(declaration statement)으로서 trees와 fruits가 정수형 변수임을 컴퓨터에게 알리고 trees는 3의 값을 갖도록 초기화 된다.

```
fruits = 30 * trees;
```

는 30과 변수 trees에 기억된 값의 곱에 대한 결과치를 정수형 변수 fruits에 대입하라는 대입 문장이다. 여기서 = 은 대입 연산자를 의미한다.

```
title();
```

문은 함수 호출문으로 title()함수로 제어를 옮겨 그 함수를 실행한다.

```
printf();
```

문은 표준 출력함수이며 첫 번째 변환 문자 %d는 첫 번째 출력항 변수 fruits값에 대응하고 두 번째 변환 문자 %d는 두 번째 출력항 변수 trees에 대응된 것이다. 함수 title()은 main()함수와 마찬가지로 중괄호 { }로 둘러싸인 본체로 정의 되며, main()함수의 본체에서 기술된 함수 호출문장 title();에 의하여 title()함수로 프로그램 제어가 옮겨진다. title()함수의 printf() 문장 실행 후 프로그램의 실행 순서는 호출함수인 main()함수로 되돌려지며 main()함수의 맨 마지막 printf()문을 실행한 후 프로그램은 종료된다. 여기서 우리는 함수를 이용함으로써 C 프로그램을 더욱 간편하게 작성할 수 있음을 알 수 있는데 함수에 관한 자세한 내용은 6장에서 다루기로 한다.

연습문제

1. C 언어의 역사와 특징에 대해서 설명하라.

2. main()함수란 무엇인가?

3. 주석문의 사용방법을 설명하라.

4. 다음 식별자 중 틀린 곳을 고치고 그 이유를 설명하라.

   (1) Bus-stop (2) 2dog (3) good_T (4) A&C

   (5) SUN_CAP (6) _wind (7) can't (8) $20val

5. 예약어란 무엇인가?

6. 상수(constant)의 종류를 열거하고 설명하라.

Chapter 2

기본 자료형

2.1 자료형(Data type)

C언어에서 사용하는 변수와 상수 등의 자료는 자료형을 갖는다.

다음 그림 2.1은 C에서 제공하는 자료형을 나타내 보인 것이다.

- 자료형
  - 기본 자료형
  - 기타 자료형

- 기본 자료형
  - 수치형
    - 정수형
      - int
      - short (short int)
      - long (long int)
      - unsign
    - 부동소수점
      - float
      - double(long float)
  - 문자형
    - char
    - unsigned char

- 기타 자료형
  - 배열형
  - 포인터형
  - 구조형
  - 공용형
  - 열거형

그림 2.1 자료형의 종류

이들 자료형은 사용하는 변수의 자료형 정의를 위해 선언문에서 이용하는 예약어로서 int, short, unsigned은 정수형을, float, double은 실수형을, char, unsigned char는 문자형을 정의 할 때 사용한다.

2.2 정수형(int형)

정수는 소수점이 없는 수로 공백 없는 숫자들로 표현된다. 예를 들면 12, 327, 0 등은 올바른 정수이다. 사용되는 정수 상수에 따라 10진수, 8진수, 16진수로 표현 가능하며, 8진수는 0, 16진수는 0x 혹은 0X로 시작한다.

예로서 8진 상수 053($5*8^1+3*8^0$), 16진 상수 0x2b($2*16^1+11*16^0$)는 십진 상수 43을 나타낸다. long int형 정수상수의 경우는 정수 끝에 L 또는 l 자를 붙여 표시한다. 예로서 -031 은 long int형 상수이다.

정수형 자료값을 갖는 정수형 변수의 선언형식과 예는 다음과 같다.

(형식 1)

```
int v1, v2, ...,vn;
```

(형식 2)

```
int v1 = 초기치1,     v2 = 초기치2, ...,     vn = 초기치n;
v: 변수명
```

(선언 예)

```
int   turbo, hon, k;
short  brief, cut;
long  longbow, bill;
int   i=0, j=1;
```

int형 변수가 가질 수 있는 정수값(M)의 크기는 사용하는 기계에서 정수형 변수에 할당한 메모리 크기에 따라서 다음과 같이 정해진다.

M : 4byte인 기계

상한값 : $2^{31} - 1$ = +2147483647

하한값 : -2^{31} = -2147483648

M : 2byte인 기계

상한값 : $2^{15} - 1$ = + 32767

하한값 : -2^{15} = - 32768

short형, long형, unsigned형은 정수형 자료의 특수한 형태로서, 작은 정수, 긴 정수, 부호 없는 정수를 다루기 위해 사용되며, 해당 자료형의 변수가 가질 수 있는 정수 값의 크기는 다음과 같다.

short형(2byte 사용)

상한값 : $2^{15} - 1$ = +32767

하한값 : -2^{15} = -32768

long int형(4Byte 사용)

상한값 : $2^{31} - 1$ = +2147483647

하한값 : -2^{31} = -2147483648

unsigned형은 기억되는 정수값에 부호가 없으며 하한치는 0, 상한치는 변수가 사용하는 기억장소의 크기(보통 1machine word 사용)에 따라 다음과 같이 달라진다.

16 bit 기계 : $+2^{16} - 1$ = +65535

32 bit 기계 : $+2^{32} - 1$ = +4294967295

2.3 부동소수점형(float, double형)

부동소수점형은 3.141592, 1.8E+12, .94e-3 등과 같은 십진형, 지수형 실수값을 처리하기 위한 자료형으로 변수 선언 형식과 선언 예는 다음과 같다.

(형식 1)

```
float v1, v2, ...,vn;
```

(형식 2)

```
float v1 = 초기치1, v2 = 초기치2, ..., vn = 초기치n;
v : 변수명
```

(선언 예)

```
float   f;
double  d;
float real = 0.5e-21, j = 6.28;
```

double형의 변수 선언은 예약어만 제외하면 float형과 동일한 형태로 된다.

double형은 부동소수점 연산시 소수부의 연산 정확도를 높여 오차를 줄일 수 있도록 float형의 2배에 해당하는 기억장소를 할당한 자료형이다.

대개 float형은 소수점이하 6자리, double형은 소수점이하 16자리의 유효자리 정도를 갖으며 지수의 표현 범위는 float형은 10^{-38} ~ 10^{+38}, double형은 10^{-308} ~ 10^{+308}의 범위를 갖는다. 한편, 모든 부동 소수점 상수는 double형으로 기억된다.

2.4 문자형(char형)

문자형의 상수와 변수는 하나의 문자를 저장하는데 사용되며 하나의 문자는 주로 1 byte의 기억공간에 ASCII 코드 체계에서 약속한 수치의 이진수로 저장된다.

문자형의 표현 범위는 ASCII코드 수치값은 char형의 경우 -128 ~ 127이며, unsiged char형의 경우 0 ~ 255로 된다.

몇몇 문자 자료에 대응하는 정수값의 예를 보이면 다음과 같다.

문자형 상수	대응 정수값
'a'	97
'A'	65
'2'	50
'+'	43

문자 상수는 항상 단일 인용부호(')로 해당문자를 둘러싸서 나타낸다.

'a', 'z', 'R', '5' 등은 문자형 상수의 올바른 표현이다.

한편 문자열 상수 표현의 경우 문자상수와는 달리 이중 인용부호(")를 이용하는데 기억장소에 기억될 때 최종 문자 다음에 \0(null문자)가 붙는다.

"sun", "moon", "star", "t"등은 문자열 상수의 옳은 예이다.

C에서는 출력이 어렵거나 불가능한 문자를 역사선(backslash) \를 이용하여 표시할 수 있다.

(표 2-1) 확장문자열

문자표기	문 자 명	용 도	정 수 값
\0	null	null문자	0(0x00)'\000'
\a	bell	벨소리	7(0x07)'\007'
\b	backspace	커서를 한 칸 앞으로 이동	8(0x08)'\010'
\f	formfeed	출력 헤드를 다음 페이지로 이동	12(0x0c)'\014'
\n	newline	커서나 출력헤드를 다음 첫 칸으로 이동	10(0x0a)'\012'
\r	carriage return	커서나 출력헤드를 같은 줄 첫 칸으로 이동	13(0x0d)'\015'
\t	tab	커서나 출력헤드를 tab만큼 이동	9(0x09)'\011'
\\	backslash	역사선(\) 출력	92(0x5c)'\134'
\'	single quote	단일 인용부호(') 출력	39(0x2c)'\047'
\"	double quote	이중 인용부호(") 출력	34(0x22)'\042'

예를 들면 '\n'문자는 개행(newline)을 의미하는 문자로 두개의 문자로 구성되었지만 하나의 문자로 취급한다. \와 조합된 특수 문자를 escape sequence(확장 문자열)라 하며 몇가지 예를 들면 표 2.1에 보인바와 같다.

개행문자 '\n'은 '\012'(또는'\12')의 표기와 동일한 표현으로 8진수로 표기된 escape sequence를 문자표기로 대신할 수 있다.

문자형 변수의 선언형식과 선언은 다음과 같다.

(선언 형식 1)

```
char v1, v2, ...,vn;
```

(선언 형식 2)

```
char v1 = '초기치1', v2 = '초기치2', ..., vn = '초기치n';
     v: 변수명
```

(선언 예)

```
char    a,b,c,d;
                  /* 문자형 변수의 선언 */
char    a = 'k' ,  cha = '2' ;
                  /* 문자형 변수의 선언과 초기치 부여 */
```

한편 문자형 자료는 정수형 자료와 호환이 가능하다.

예 제 2-1 문자형 변수에 정수형 자료 대입

```
char c1, c2;
c1 = 65;
c2 = 98;
```

예 제 2-2 정수형 변수에 문자형 자료 대입

```
int c1, c2;
c1 = 'A';
c2 = 'b';
```

연습문제

1. 기본 자료형의 종류에 대해 간단히 설명하라.

2. 다음 상수들의 자료형과 그 의미를 설명하라.
   13, -031, 0x2b, 3.1415, 7.6E+03,
   .19e-7, "cab", 'a', "a", '\b', '\a'

3. 여러분이 사용하는 system에서 int형, float형, double형의 표현 범위는 얼마인가?

4. '\007', '\07', '\7'은 각각 무엇을 의미하는가?

Chapter

3 기본 입출력 함수

우리는 앞장에서 간단한 C언어 프로그램을 통하여 printf()함수가 어떤 역할을 하는지 또한 C에서 사용할 수 있는 기본적인 자료형에 대해서 공부한 바 있다. 본 장에서는 여러 가지 자료의 입출력을 수행하기 위한 기본적인 입출력 함수에 대해 자세히 살펴보기로 한다.

3.1 printf()함수

정해진 출력 장치로 컴퓨터에 내장된 자료를 형식에 맞추어 출력 시킬 때 printf() 함수를 이용한다.

printf()의 형식은 다음과 같다.

(형식)

```
printf("control string", output item list);
```

여기서, control string : 제어 문자열

output item list: 출력할 항목 list

함수 printf()의 첫 번째 인자는 제어 문자열(control string)로서 출력항 list내의 해당 출력 항을 어떤 형태로 출력할 것인지를 지시하는 %로 시작하는 변환문자(conversion specification)를 포함한다.

출력항목 list의 각각의 출력항(item)은 변수, 상수, 수식으로서 출력항과 출력항 사이는 ,(컴마)로 구분한다.

예를 들어

```
int a = 10, b = 20;
printf("%d + %d equals %d\n", a,b,a+b);
```

와 같은 문장은

```
10 + 20 equals 30
```

을 출력한다. 여기서 변환 문자 %d는 정수형에 대한 변환 문자이며 각각의 변환 문자 %d에 대응하는 출력항은 다음과 같다.

```
"%d + %d equals %d"
 ↕    ↕          ↕
 a    b         a+b
```

출력에서 사용할 수 있는 변환 문자와 그 기능을 정리하면 표 3.1과 같이 나타낼 수 있다.

(표 3-1) printf() 함수의 변환 문자

변환문자	변환에 따른 출력형식
%d	10진 정수로 출력
%ld	long형 10진 정수로 출력
%u	부호 없는 10진
%o	8진수로 출력
%x,%X	16진수로 출력 (x는 소문자, X는 대문자)
%c	단일 문자로 출력
%s	문자열로 출력
%f	10진 실수로 출력
%e	지수형 10진 실수로 출력
%g	%f나 %e중 짧은 쪽의 변환으로 출력

3.1.1 출력 형식의 응용

우리는 편의상 출력 자료를 어떤 위치에 얼마만큼의 길이로서 출력되도록 제한시킬 필요를 갖는다. printf()에서는 출력 폭(width), 열 정렬(justification), 정밀도(precision)의 조정이 가능하다. 이를 위한 변환문자 응용형식은 다음과 같다.

(형식)

```
%[sign][width][precision][h 혹은 l] 해당 변환문자
```

단, []로 표시된 부분은 생략할 수 있다.

sign : +일 경우는 양,음 부호출력

+ 생략의 경우는 음의 부호일 때만 출력
- 일 경우는 왼쪽중심(left-justify)으로 값 출력 (오른쪽 공백형성)
- 생략 시는 오른쪽중심(right-justify)으로 값 출력 (왼쪽 공백 형성)
0 일 경우 값은 오른쪽 중심으로 출력, 왼쪽 공백은 0이나 공백 유지함.
일 경우 8진, 16진수 표현시 0, 0x를 앞에 붙여 출력함.
소수부가 없는 부동 소수점 수치 출력 시 소수점을 붙여 출력함.

width : 출력자료의 출력 길이 지정
생략 시에 출력자료 길이만큼 자동지정

precision : 실수형의 경우 소수점 이하 자릿수 지정
문자열형의 경우 출력시킬 문자 개수 지정

h 혹은 l : short int,long int형 혹은 long float(double)형 지정

3.1.2 printf()의 예제

예 제 3-1 정수형 자료의 출력

```
#include<stdio.h>
int main(void)
 {
   int i=345;
   printf("123456789012345\n");
   printf("%d\n",i);
   printf("%+10d\n",i);
   printf("%-10d\n",i);
   printf("%010d\n",i);
   return 0;
 }
```

(실행 결과)

```
123456789012345
345
      +345
345
0000000345
```

예 제 3-2 8진, 16진 정수 자료의 출력

```
#include<stdio.h>
int main(void)
{
    int id=20, io=020, ih=0x20;
    printf("%d  %o  %x\n", id,io,ih);
    printf("%d  %d  %d\n", id,io,ih);
    printf("%d  %X  %x\n", ih-1,ih-1,ih-1);
    return 0;
}
```

(실행 결과)

```
20  20  20
20  16  32
31  1F  1f
```

예 제 3-3 실수형 자료의 출력

```
#include<stdio.h>
int main(void)
{
    float r=314.5;
    printf("12345678901234567890\n");
    printf("%f\n",r);
```

```
    printf("%10.3f\n",r);
    printf("%5.2f\n %7.2g\n",r,r);
    printf("%-.1f\n",r);
    printf("%e %E\n",r,r);
    printf("%10.3e%10.1E\n",r,r);
    return 0;
}
```

(실행 결과)

```
12345678901234567890
314.500000
   314.500
314.50
 3.1e+02
314.5
3.14500e+02 3.14500E+02
  3.145e+02    3.1E+02
```

예 제 3-4 문자형 문자열형 자료의 출력

```
#include<stdio.h>
#define PR "Never Giveup!"
int main(void)
 {
   char a='A';
   printf("12345678901234567890\n");
   printf("%c\n%10c\n", a,a+1);
   printf("%c%c%15s\n", a+2,'!',PR);
   printf("%20.3s\n",PR);
   printf("%-20.3s\n",PR);
   return 0;
 }
```

(실행 결과)

```
12345678901234567890
A
          B
C!  Never Giveup!
                    Nev
Nev
```

예 제 3-5 unsigned형 출력

```
#include<stdio.h>
int main(void)
 {
   unsigned short i=123, j=-123;
   printf("%10u %10d\n", i,123);
   printf("%10u %10d\n",j,-123);
   return 0;
 }
```

(실행 결과)

```
       123        123
     65413       -123
```

위에서 unsigned short int형 변수 i와 j의 기억장소 크기는 2 byte 이며 수의 표현범위는 0 ~ 65535로 된다. %u변환에 의해 j변수에 기억된 -123은 65413으로 출력된다. 이는 unsigned short형의 경우 2의 보수로 음수를 취급하여 수의 범위 0 ~ 32767까지는 양수를 표현하고 32768 ~ 65535는 음수를 나타내기 때문이다.

예 제 3-6 정수형과 문자형 출력

```
#include<stdio.h>
int main(void)
 {
   printf("%c %d\n",'A',65);
   printf("%c %d\n", 65,'A');
   return 0;
 }
```

(실행 결과)

```
A 65
A 65
```

변환문자 %d와 %c는 문자형이나 정수형 자료를 출력시킬 수 있다. 즉 %d에 의해 출력문자 자료의 해당 ASCII값이 출력되고 %c에 의해 정수형 자료에 대응하는 ASCII 문자가 출력된다.

예 제 3 7 출력 폭을 변수값으로 지정

```
#include<stdio.h>
int main(void)
 {
   unsigned short width=10, prec=3;
   printf("/%*.*f/\n",width,prec,3.141592);
   return 0;
 }
```

(실행 결과)

```
        /       3.142/
```

위의 printf()의 변환 지정자 %*.*f에서 *는 각각 다음과 같이 폭과 정밀도를 나타내는 변수에 대응된다.

%*.*f　　　　width　　　　prec

3.2 scanf()함수

3.2.1 scanf()함수의 형식

표준 입력장치(주로 키보드)로 부터 자료를 정해진 형식으로 입력받는 입력함수로 scanf()가 있으며 다음과 같은 형식을 갖는다.

(형식)

```
scanf("control string", &input item list)
```

여기서, control string : 제어 문자열

input item list : &입력변수1, &입력변수2

위에서 제어문자열은 printf()의 경우와 같이 입력자료 형식을 지정하기 위한 것이다. 또한 각 입력 변수 앞에 붙는 번지연산자 &는 필수적인 것이며 문자열 변수의 경우에는 붙이지 않는다.

scanf()에서는 %h가 short형 자료를 위한 변환문자로 쓰인다.

예를 들면

```
int  i;
scanf("%d",&i);
```

에서 scanf()는 변수 i에 대한 값을 읽고 그 값을 i의 번지에 기억시킨다.

3.2.2 scanf()의 예제

예 제 3-8 수치의 입력

```
#include<stdio.h>
int main(void)
 {
   int a,b;
   scanf("%d %d",&a,&b);
   printf("sum = %d\n",a+b);
   return 0;
 }
```

(입력 자료)

```
12 13
```

(실행 결과)

```
sum = 25
```

키보드에서 정수형 변수 a와 b의 자료를 입력할 경우 자료와 자료 사이의 구분을 위해 공백을 사용한다.

예 제 3-9 scanf()의 반환값

```
#include<stdio.h>
int main(void)
 {
   int k;
   float f,g;
   k=scanf("%f %e", &f,&g);
   printf("%3d  %5.2f  %5.2f\n", k, f, g);
   return 0;
 }
```

(입력 자료)

```
15.28  62.46
```

(실행 결과)

```
2  15.28  62.46
```

예 제 3-10 문자열 자료의 입력

```
#include<stdio.h>
int main(void)
 {
   char ch[20];
   scanf("%s", ch);
   printf("%s\n",ch);
   return 0;
 }
```

(입력 자료)

```
Array Data
```

(출력 결과)

```
Array
```

위에서 char ch[20];의 선언문은 문자형 배열 변수 ch에 대한 선언문이다.

문자배열명 자체가 번지를 의미하는 상수 포인터이므로 scanf()내의 ch변수 앞에 번지 연산자 &를 붙이지 않았다.

입력자료 "Array data"에 대응한 출력자료가 "Array"로 주어진 것은 입력자료 중간에 자료구분 표시인 빈칸이 있기 때문이다. 따라서 scanf()를 이용하여 문자열 자료를 입력 할 경우에는 주의를 필요로 한다.

예 제 3-11 입력필드 자료의 지정 삭제

```
#include<stdio.h>
int main(void)
  {
    int i;
    scanf("%*d %*d %d", &i);
    printf("choice value = %d₩n", i);
    return 0;
  }
```

(입력 자료)

```
12  34  56
```

(실행 결과)

```
choice value = 56
```

입력 변수 i에 대응하는 변환문자는 scanf()의 제어문자열에서 3번째 %d로 선택되며 앞의 두개의 변환 문자 %*d는 대응되지 않는다. 이 같은 기능은 여러 개의 열 단위로 주어진 자료 중에서 특정 자료를 선택적으로 입력할 때 유용하다.

3.3 getchar()함수와 putchar()함수

여러 형태의 자료를 정해진 형식으로 입출력하는 scanf()와 printf()함수와는 달리 단일 문자를 대상으로 형식지정 없이 한 문자씩 읽거나 출력하기 위해 사용하는 함수로 getchar()와 putchar()함수가 있다. putchar()함수는 프로그램 실행 중에 인수에 해당하는 한 문자를 CRT나 프린터 등의 출력장치에 출력시키는 함수로서 다음 형식을 갖는다.

(형식)

```
putchar(문자형 인수);
```

예로서 문자 A를 출력장치에 출력하려면

putchar('A');

로 기술한다.

getchar()함수는 한 문자를 입력장치로 부터 읽어 들여 해당 프로그램의 변수에 전달하며 putchar()함수와 달리 인수를 기술할 필요가 없다.

```
int ch;
ch = getchar(); /* 단일문자를 읽어들여 변수ch에 전달 */
```

예 제 3-12 단일 문자의 입출력(I)

```
#include <stdio.h>
int main(void)
 {
   char ch;
   ch = getchar();
   putchar(ch);
   return 0;
 }
```

(입력 자료)

```
a
```

(실행 결과)

```
a
```

위 예제는 한 문자를 입력받아 한 문자를 출력시키는 간단한 프로그램이다. getchar()나 printf()가 표준 입출력헤더 file(stdio.h)내에 정의되었기 때문에 시스템 라이브러리에서 제공하는 stdio.h를 포함시키기 위해서 선행처리 지시문 #include <stdio.h>을 프로그램 서두에 기술한 것이다.

예 제 3-13 단일 문자의 입출력(II)

```
#include <stdio.h>
int main(void)
 {
   char ch;
   putchar('\a');    /* '\a'는 '\007'과 동일함 */
   putchar('\012'); /* '\012'는 '\n'과 동일함 */
   putchar('a'+1);
   putchar(getchar());
   return 0;
 }
```

(입력 자료)

```
c
```

(실행 결과)

```
b
c
```

위 예제에서 putchar() 함수의 인수 '\a'는 8진수 escape sequence '\007'과 동일한

표현으로 벨소리를 출력하는 escape문자다. 또 '\012'는 '\n'과 동일한 표현으로 개행 문자의 기능을 갖는다.

3.4 자료형의 변환(Data type conversion)

3.4.1 자동변환(Automatic conversion)

정수형 변수 i,j를 이용한 연산식 i+j의 결과는 정수형이지만 i와j가 서로 다른 자료형이면 혼합 연산이 된다. 이처럼 서로 다른 자료형의 피연산자(operand)들이 이항연산자(binary operator)에 의해 연산이 이루어 질 때 자동적으로 형 변환(type conversion)이 일어난다.

일반적인 자동변환(automatic conversion) 규칙은 다음과 같다.

(1) short int 형과 char 형은 int형으로 변환된다.

unsigned short형과 unsigned char 형은 unsigned형으로 변환된다.

(2) 서로 다른 형 간의 연산의 경우에 기억장소의 크기가 작은 피연산자의 형은 기억장소가 큰 피연산자의 자료형으로 변환되고, 그 식의 연산 결과도 큰 쪽으로 변한다.

char 〈 short 〈 int 〈 unsigned 〈 long 〈 unsigned long 〈 float 〈 double

이러한 자동변환은 묵시적 변환(implicit conversion), 강제결합, 격상(promotion), 확대(widening),축소(narrowing)등으로도 불려진다.

예 제 3-14 **혼합형 수식의 형 변환**

```
char c ;      double  d ;    float  f ;
int   i ;    long    x ;    short s ;
unsigned  u;
```

앞에서 선언한 변수에 대한 다음 수식의 형 변환 결과는 다음과 같다.

식	형 변환 결과
c * s + i	int
3.14 - u / i	double
c + d	double
u - i * 10	unsigned
f * u + i	float
x / s - 10	long

한편

```
d = i ;
```

라는 대입문장에 있어서 int형 변수 i의 자료는 double형으로 격상(확대)되어 기억되고

```
i = d ;
```

의 수식에서는 반대로 격하(축소)변환이 일어난다.

3.4.2 cast 연산자(Cast operator)

앞서의 묵시적인 형 변환자와는 달리 의도적으로 임의 수식을 다른 자료형으로 변환하기 위하여 cast 연산자를 사용하며 다음 형식을 갖는다.

(형식)

(Data type) 수식

여기서, (Data type) : int , char , float , double 등의 자료형

예로서 정수형변수 i 가 포함된 수식 (double)i + 2.0 에서 i의 값은 cast 연산자에 의해 double 형으로 변환되어 연산되어 진다. cast 연산자는 단항연산자로서 오른쪽에서 왼쪽으로의 결합 순서를 갖으며 이항연산자인 + 보다 높은 연산순위를 갖으므로 앞서의 수식은 ((double)i)+2.0과 동등하다.

예제 3-15 cast 연산자에 의한 형 변환

```
#include<stdio.h>
int main(void)
 {
   char  ch ;
   int  i , j ;
   float  x ;
   i = x = ch = 'B' ;  /* 자동 변환 */
   j = (int)12.3 + (int)13.7 ;
   /* 캐스트 연산자에 의한 변환 */
   ch = (char)(x / i + ch) ;
   printf("  i = %d\n  j = %d\n  ch = %c \n", i , j , ch );
   return 0;
 }
```

(실행 결과)

```
i = 66
j = 25
ch = C
```

연습문제

1. 다음 printf()문장의 출력 결과를 나타내어라.

   (1) printf("\"ABS\"");

   (2) printf("2.5f\n",456.789);

   (3) printf("%e %c\n", putchar('a'), putchar('b'));

   (4) printf("%d %o %x %u\n", 20,20,20,20);

   (5) printf("%c %d %c\n",65,'A','\012');

2. 다음 문장을 putchar()함수에 의해 출력하라.

   "computer shop"

3. int k,n; 일때

   n = scanf("%d", &k);

   위에서 n이 갖는 값은?

4. 다음은 완전한 프로그램의 일부다. 출력 예상값은?

   short s;

   s = 32766;

   printf("%d\n",s+10);

5. 다음 상수들의 자료형과 입출력을 위한 가능한 변환문자는 무엇인가?

상 수	자 료 형	입력변환문자	출력변환문자
10	int	%d	%d
3.14			
45l			
'A'			
0x41			
1.8E+02			

6. 다음 상수들의 자료형과 입출력에 가능한 변환문자는 무엇인가?

```
short int  s = 15;
int  j = 20;
long int  l = 53L;
float  f = 0.32;
double d = 2.25;
```

(1) f + s * j - l

(2) j / f + d * s

(3) j / s * f

(4) (double)j / s * f

(5) (int)d / f + l /i

Chapter 4

연 산 자

programming

이 장에서는 여러 가지 자료를 연산하고 처리하기 위한 C언어 연산자를 설명한다. C언어 연산자는 다른 일반 프로그래밍 언어의 연산자 보다 종류가 다양하며 표현식을 간결하고 상세히 기술할 수 있을 뿐 아니라 연산 속도가 빠르다는 특징을 갖는다.

4.1 산술 연산자(Arithmetic operator)

산술 연산자에는 +(덧셈 연산자), -(뺄셈 연산자), *(곱셈 연산자), /(나눗셈 연산자), %(나눗셈의 나머지 연산자)가 있다.

산술 연산자의 형식은 다음과 같다.

(형식)

```
operand1   operator   operand2


     operator : +, -, *, /, %
     operand  : 피연산자
```

수치 연산에서 %는 정수의 연산에만 사용되는 나머지 연산자(modular operator)로서

printf("%d",i);

에서의 형식 제어문자 %와 구분할 필요가 있다.

산술 연산자의 연산 우선순위는 일반 수학에서의 연산 순위와 동일하며 왼쪽에서 오른쪽으로 진행되는 결합성(associativity)을 갖는다.

산술 연산자 +, - 가 하나의 연산항을 갖는 단항 연산자(unary operator)로 사용될 경우는 오른쪽에서 왼쪽으로 결합성을 갖으며 이항 연산자보다 연산 우선순위(precedence)가 높다.

예제 4-1 산술 연산자 이용

```
#include<stdio.h>
int main(void)
 {
   int x=50, y=20;
   printf("%d + %d = %d\n",x, y, x+y);
   printf("%d - %d = %d\n",x, y, x-y);
   printf("%d * %d = %d\n",x, y, x*y);
   printf("%d / %d = %d\n",x, y, x/y);
   printf("%d %% %d = %d\n",x, y, x%y);
   /*  %기호의 출력은 %%를 사용한다 */
   return 0;
 }
```

(실행 결과)

```
   50 + 20 = 70
   50 - 20 = 30
   50 * 20 = 1000
   50 / 20 = 2
   50 % 20 = 10
```

4.2 배정 연산자(Assignment operator)

C언어에서 '=' 는 동등관계(equal)를 뜻하지 않으며 대입의 의미를 갖는 배정 연산자로 사용된다. 즉, 배정 연산자 오른쪽 부분을 평가하여 그 결과를 왼쪽의 변수에 치환시키는 기능을 갖는다.

배정 연산자의 형식은 다음과 같다.

(형식)

```
operand1 = operand2
```

여기서 operand2로서 변수, 상수, 수식(expression)이 가능하지만 operand1은 변수(variable)만 허용된다. 다음에 배정 연산자의 사용 예를 살펴보자.

```
i = 20;        /* 옳은 예 */
i = i + 15;  /* 옳은 예 */
j + 1 = i;    /* 틀린 예, 왼쪽 항이 수식임 */
```

배정 연산자는 산술 연산자 보다 연산 우선순위가 낮으며 오른쪽에서 왼쪽으로의 결합성을 갖는다.

예로서 다음 문장

```
i = j = k = 12;
```

는

```
i = (j = (k = 12));
```

와 동일하다.

예 제 4-2 배정 연산자

```
#include<stdio.h>
int main(void)
 {
   int i, j, k;
   i = (j = 20) + (k = 10);
   printf("%d  %d  %d\n", i, j, k);
   j = k = i + 2;
   /* 오른쪽에서 왼쪽으로의 결합됨 */
   printf("%d  %d  %d\n", i, j, k);
   return 0;
 }
```

(실행 결과)

```
30  20  10
30  32  32
```

4.3 관계 연산자(Relational operator)

관계 연산자는 두 피연산항의 대소 관계, 동일 여부를 비교 판별하는 연산을 위해 쓰여 진다. 연산 결과는 참(true)이면 정수값 1 혹은 0이 아닌 값, 거짓(false)이면 정수값 0을 갖는다.

관계 연산자의 사용 형식은 다음과 같다.

(형식)

```
operand1  operator  operand2
```

여기서 operator는 다음과 같다.

(표 4-1) 관계 연산자의 종류

operator	의 미
〈	보다 작다(is less than)
〈=	작거나 같다(is less than or equal to)
〉	보다 크다(is greater than)
〉=	크거나 같다(is greater than or equal to)
==	같다(is equal to)
!=	같지않다(is not equal to)

관계 연산자의 우선순위에 있어서 〈, 〈=, 〉=, 〉 는 ==, != 보다 연산 순위가 높다.

또한 관계 연산자는 치환 연산자 보다 연산의 우선순위가 높으나 산술 연산자 보다는 낮고 왼쪽에서 오른쪽으로의 결합성을 갖는다.

예로서

$$n == x > y <= z + 2$$

는

$$n == ((x > y) <= (z + 2))$$

과 동일하다.

예 제 4-3 관계 연산자

```
#include<stdio.h>
int main(void)
{
    int  x = 10, y = 20, z;
    char  ch = 'a';
    z = x != y;
    printf("%d\n", z);
    printf("%d\n", 'S' > ch + 3);
    printf("%d\n", 10 < y <= x);
    printf("%d\n", x + y == ch % 5 * 15);
    return 0;
}
```

(실행 결과)

```
1
0
1
1
```

4.4 논리 연산자(Logical operator)

논리 연산자는 &&(논리곱, AND), ||(논리합, OR), !(논리부정, NOT)을 나타내기 위하여 사용된다.

논리 연산자의 사용 형식은 다음과 같다.

(형식 1)

```
operand1  operator  operand2
   operator :  &&, ||
```

(형식 2)

```
operator  operand
   operator :  !
```

위에서 &&(논리 AND)연산 결과는 operand1과 operand2가 동시에 참 일 때만 참(정수값 1)이 되며, 그렇지 않을 경우는 거짓(정수값 0)이 된다.

또 ||(논리 OR)연산 결과는 operand1과 operand2중에서 어느 하나만 참이면 논리값은 참이 되고 그 밖의 경우에는 거짓이 된다.

다음 표는 논리곱과 논리합의 연산결과를 나타내 보인 것이다.

(표 4-2) 논리곱과 논리합의 연산 결과

operand1	operand2	operand1 && operand2	operand1 || operand2
1(true)	0(false)	0(false)	1(true)
0(false)	1(true)	0(false)	1(true)
1(true)	1(true)	1(true)	1(true)
0(false)	0(false)	0(false)	0(false)

한편 !(논리 NOT)연산 결과는 operand값이 거짓이면 참이 되고 참이면 거짓이 된다. 이때 operand는 참($\neq 0$)이나 거짓($=0$)값을 갖는다.

예 제 4-4 논리 연산식의 예

```
3 || 0        /* 1 */
10 && 20      /* 1 */
!7            /* 0 */
!!'a'         /* 1 */
'a' || '3'    /* 1 */
```

논리 연산자의 우선순위는 !, &&, ||순이며 논리 연산자는 산술 연산자나 관계 연산자 보다 연산 우선순위가 낮고 대입 연산자보다는 높다. 단, !연산자는 단항 연산자로서 여러 이항 연산자 보다는 연산 우선순위가 높다.

논리 연산자는 왼쪽에서 오른쪽으로 관계되는 결합성을 갖는다.

예 제 4-5 연산 우선순위

```
int   i  = 3, j = 4, k = 5;
float  x = 0.0, y = 1.2;
char   ch = 'y';
```

연 산 식	동 등 한 표 현	결과
! i + j	(! i) + j	4
! i * ! x	(! i) * (! x)	0
i && j && k	(i && j) && k	1
k || j - 4 && 2	k || ((j-4) && 2)	1
j == 3 || k == 5 || i == 3	((j==3)||(k==5))||(i==3)	1
ch+1 〈= 'z' && ! x == i-2	((ch+1)〈='z')&&((!x)==(i-2))	1
i 〈 j && k 〉 i || x 〈 y	((i〈j) && (k〉i)) || (x〈y)	1

다음과 같은 &&연산식의 경우에

operand1 && operand2

operand1이 거짓(정수값 0)으로 평가되면 operand2의 평가를 위한 실행은 생략된다. 다음 || 연산식의 경우에도

operand1 || operand 2

operand1이 참값(0이 아닌 값)으로 평가되면 operand2의 평가를 위한 연산은 생략된다.

예제 4-6 논리 연산식의 평가

```
#include<stdio.h>
int main(void)
 {
   int i=5, j=5;
   i = 1 || (j=9);
   printf("i = %d,  j = %d\n", i, j);
   i = 0 || (j=7);
   printf("i = %d,  j = %d\n", i, j);
   j = 0 && (i=3);
   printf("i = %d,  j = %d\n", i, j);
   return 0;
 }
```

(실행 결과)

```
i = 1,  j = 5
i = 1,  j = 7
i = 1,  j = 0
```

4.5 증가 연산자, 감소 연산자 (Incremental operator,decremental operator)

증가 연산자 ++는 연산항(operand) 값을 1 만큼 증가시키고, 감소 연산자 --는 연산항을 1 감소시키는 역할을 한다.

단항 연산자이며 오른쪽에서 왼쪽으로 결합한다.

(형식)

```
++ operand    (prefix)
operand --    (postfix)
-- operand    (prefix)
operand --    (postfix)
```

operand : 상수나 수식은 불가하며 반드시 변수일 것

연산자를 연산항 앞에 놓을 때의 전치(prefix)와 뒤에 놓을 때의 후치(postfix)의 경우가 있으며 그 기능이 서로 다르다.

기령 정수형 변수 m, n=3이 있을 경우 이래의 두 단일 문장,

```
++n;
n++;
```

은 서로 동일한 n=n+1;의 의미를 갖는 것으로 차이점이 나타나지 않는다.

그러나 다음과 같이 서로 독립된

```
m = ++n;
m = n++;
```

++연산자를 포함하는 두개의 배정문을 검토해 보자. 앞 식은 전치로 기술된 예로서 먼저 n값이 증가 후 m에 대입 연산이 이루어지므로 m은 4의 값을 갖는다. 반면에 다음 식은 후치의 경우로서 먼저 n이 증가되기 이전값 3을 m에 대입한 후 n 값이 비로소 증가한다.

가령 예를 들면

문장

m = ++n;

은

n = n+1;　　　　m = n;

과 같으며

m = n++;

은

m = n; n = n+1;

을 의미한다.

한 문장의 수식에서 증가 연산자나 감소 연산자가 거듭 사용될 경우나 함수의 인수로서 여러 번 증가 연산자나 감소 연산자가 나타날 경우에는 상당한 주의를 필요로 한다.

이를테면

n = i * 2 + 10 * i++;

에서 (i*2)의 계산시 i값이 증가된 값이 이용될지 혹은 원래의 값이 이용될 지에 대해서는 compiler에 따라 다르다.

예제 4-7 증가, 감소 연산자 사용 예

```
#include<stdio.h>
int main(void)
 {
   int l, m;
   int j=2, k=2;
   i = ++j + --k;
   printf("%d  %d  %d\n", i, j, k);
   j = k = 2;
   i = ++j + k--;
   printf("%d  %d  %d\n", i, j, k);
   m = i/--j * ++k;
   printf("%d  %d  %d  %d\n", i, j, k, m);
   return 0;
 }
```

(실행 결과)

```
4 3 1
5 3 1
5 2 2 4
```

4.6 비트 연산자(Bitwise operator)

비트 연산자는 2진수 형태의 정수형 혹은 문자형 자료를 비트(bit)단위로 연산하는데 이용하며 다음 형식을 갖는다.

(형식)

연 산 형 식	의 미
operand1 & operand2	bitwise AND
operand1 | operand2	bitwise OR
operand1 ^ operand2	bitwise XOR
~operand	1's complement
operand << 정수	shift left
operand >> 정수	shift right

이들 중 &, |, ^, ~는 비트 단위 논리 연산자(bitwise logical operator)이며 << , >>는 operand 자료를 bit단위로 좌, 우로 이동시키는 이동 연산자(shift operator)이다. 4 bit 변수 a, b에 대한 비트 단위 논리 연산자의 bit간 연산은 다음과 같다.

수 식	비 트 표 현	설 명
a	0 0 1 1	a를 4비트에 이진수로 표현
b	0 1 0 1	b를 4비트에 이진수로 표현
~a	1 1 0 0	0이면 1로 1이면 0으로 반전
a & b	0 0 0 1	두 비트가 동시에 1일 때만 1
a | b	0 1 1 1	두 비트 중 하나만 1이면 1
a ^ b	0 1 1 0	두 비트가 서로 다른 경우만 1

문자형 변수 a, b, c가 있다고 가정하고 문자형 자료값을 2진으로 표현하여 비트 연산자의 기능을 쉽게 이해하도록 해보자.

```
a = '?';  /* a = 00111111 */
b = 'W';  /* b = 01010111 */
```

① ~연산

```
c = ~a ;   /* c = 11000000 */

~ | 00111111
  -----------
    11000000
```

② 비트 &연산

```
c = a & b;  /* c = 00010111 */

  | 00111111
& | 01010111
  -----------
    00010111
```

③ 비트 | 연산

```
c = a | b;  /* c = 01111111 */

  | 00111111
| | 01010111
  -----------
    01111111
```

④ 비트 ^연산

```
c = a ^ b; /* c = 01101000 */

  | 00111111
^ | 01010111
  -----------
    01101000
```

비트 단위 &, | 연산자는 어떤 자료의 특정 비트 부분을 0이나 1로 만들기 위해 사용된다. 비트별 논리 연산자중 ~연산자는 단항 연산자로서 우에서 좌측으로 결합되고 나머지는 좌에서 우측으로의 결합성을 갖는다.

비트 논리 연산자는 연산순위가 관계 연산자 보다 낮다.

⑤ 〉〉 연산

```
c = a >> 1;              /* c = 00011111 */

┌─ 0 0 1 1 1 1 1 1
│                        /* 63/2^1 → 31 */
└→ 0 0 0 1 1 1 1 1

c = a >> 2;              /* c = 00001111 */

┌─ 0 0 1 1 1 1 1 1
│                        /* 63/2^2 → 15 */
└→ 0 0 0 0 1 1 1 1
```

이동 연산자의 우측 수식은 반드시 양의 정수 값으로 피연산 자료의 2진 문자열을 우측으로 이동시키는 bit수를 의미한다. operand가 unsigned형이면 맨 왼쪽 비트를 0으로 채우지만 signed형의 경우이면 맨 왼쪽 부호 bit를 유지 하는 경우가 일반적이나 시스템에 따라 처리형식이 다르다.

⑥ 〈〈 연산

```
c = a << 1;              /* c = 01111110 */

┌─ 0 0 1 1 1 1 1 1
│                        /* 63 × 2^1 → 126 */
└→ 0 1 1 1 1 1 1 0

c = a << 2;              /* c = 11111100 */

┌─ 0 0 1 1 1 1 1 1
│                        /* 63 × 2^2 → 252 */
└→ 1 1 1 1 1 1 0 0
```

연산자 〈〈 는 연산자 우측의 정수값에 해당하는 bit수 만큼 비트 문자열을 좌측으로 이동시키고 우측에 이동 bit수 만큼 0으로 채운다. 이동 연산자는 좌측에서 우측으로 결합되며 산술연산자 보다 연산우선순위가 낮고 관계연산자 보다 높다.

예 제 4-8 비트 논리 연산자

```
#include<stdio.h>
int main(void)
 {
   int i=45, j=27;
   printf("%d & %d = %d\n", i, j, i & j);
   printf("%d | %d = %d\n", i, j, i | j);
   printf("%d ^ %d = %d\n", i, j, i ^ j);
   printf("~(%d ^ %d) = %d\n", i, j,~( i ^ j));
   return 0;
 }
```

(실행 결과)

```
45 & 27 = 9
45 | 27 = 63
45 ^ 27 = 54
~(45 ^ 27) = -55
```

예 제 4-9 이동 연산자

```
#include<stdio.h>
int main(void)
 {
   char  c = 'A';
   int   i = 1, j = 2;
   printf("%d\n", c << 3 >> 2);
   printf("%d\n", i != j << j*2 || i < j);
   printf("%d\n", c+i << j << i);
   return 0;
 }
```

(실행 결과)

```
130
1
528
```

4.7 복합 배정 연산자(Compound assignment operator)

복합 배정 연산자는 산술 연산자의 기능을 포함하는 배정 연산자로서 수식의 표현을 간소화 시켜 프로그래밍을 용이하게 하며 처리속도 향상의 효용성을 갖게 해준다.

배정 연산자의 형식은 다음과 같다.

(형식)

연 산 형 식	의 미
operand1 += operand2	operand1 = operand1 + operand2
operand1 -= operand2	operand1 = operand1 - operand2
operand1 *= operand2	operand1 = operand1 * operand2
operand1 /= operand2	operand1 = operand1 / operand2
operand1 %= operand2	operand1 = operand1 % operand2
operand1 <<= operand2	operand1 = operand1 << operand2
operand1 >>= operand2	operand1 = operand1 >> operand2
operand1 &= operand2	operand1 = operand1 & operand2
operand1 |= operand2	operand1 = operand1 | operand2
operand1 ^= operand2	operand1 = operand1 ^ operand2

복합 배정 연산자 왼쪽 operand1은 변수만 허용하며 연산 우선순위와 결합성은 배정 연산자와 동일하다.

예 제 4-10 배정 연산자와 수식

초기화 int i=2, j=3, k=4;

수 식	의 미	결 과
k *= 15 + i++	k = k *(15+i++)	68
i * j + (k %= i)/j	(i*j) + (k=k %i)/j	6
i += j -= k +=3	i = i +(j = j -(k=k + 3)	-2

예 제 4-11 배정 연산자

```
#include<stdio.h>
int main(void)
 {
   int i=4, j=3, k=2;
   printf("%d\n", i += j = j + k % 2);
   printf("%d\n", i <<=j );
   printf("%d\n", i *= j % ++k);
   printf("%d\n", (i <<= 8 ) |'B');
   return 0;
 }
```

(실행 결과)

```
7
56
0
66
```

4.8 컴마 연산자(Comma operator)

컴마 연산자는 하나의 표현식 내에 여러 개의 부분 표현식을 나열하여 차례로 계산하는 연산자이다. 연산은 왼쪽에서 오른쪽으로 순서대로 평가되며 최종 평가되는 오른쪽 수식의 값을 결과치로 돌려준다. 형식은 다음과 같다.

(형식)

```
operand1, operand2, operand3,..
```

예로서

```
int i, j, k;
i = (j = 2, k = 3, j+k);
```

의 경우 j에 2를 k에 3을 배정하고 j*k가 평가되어 최종적으로 값 5가 i에 배정된다. 컴마 연산자는 선언문이나 함수 호출문에서 자료와 자료를 분리하는 분리자와 구분할 필요가 있다.

```
int i, j, k;
     ↑  ↑
    분리자

scanf("%d  %d", &i, &j);
                  ↑   ↑
                 분리자
```

예 제 4-12 컴마 연산자

```
#include<stdio.h>
int main(void)
 {
   int i, j, k;
   i =(j=2, j*5);
```

```
    printf("%d  %d\n", i, j);
    i =(k = ++j + 1, k >= 5);
    printf("%d  %d  %d\n",i, j, k);
    return 0;
}
```

(실행 결과)

```
10  2
0  3  4
```

4.9 조건 연산자(Conditional operator)

조건 연산자는 ? : 로 표시되고 세 개의 피연산자를 지닌다. 그 일반적인 형식은 다음과 같다.

(형식)

```
operand1 ? operand2 : operand3
```

조건 연산자는 ? 앞의 operand1을 먼저 평가한 후 그 결과가 참이면 operand2를 계산하고 거짓이면 operand3를 계산하여 조건 연산자에 의해서 돌려지는 값으로 한다.

가령 예를 들어 다음 수식은 m과 n중에서 큰 값을 선택하여 max에 배정한다.

max = (m >= n) ? m : n ;

앞 식에서 조건 연산자는 배정 연산자 바로 위의 우선순위를 갖기 때문에

max = m >= n ? m : n ;

와 동등하다. 그러나 괄호의 사용은 표현식을 쉽게 이해할 수 있게 해준다. 만약 operand2와 operand3가 서로 다른 자료형이면 어느 operand가 평가 되는가에 상관없이 형 변환 규칙의 적용을 받는다.

예로서

```
int   m=2, n=3;
double   x=4.5;
```

식	동 등 식	결 과 치	자 료 형
m>n ? n:m	(m>n) ? n:m	2	int
m%n != 0 ? n+2 : x	((m%n)!=0) ? (n+2):x	5.0	double
m<n ? m<n ? 3:2:x	m<n ? ((m<n) ? 3:2):x	3.0	double

조건 연산자는 오른쪽에서 왼쪽으로 결합되는 특성을 갖으며 뒷장에 기술한 if문의 기능과 동일하여 프로그램의 간소화를 향상시킬 수 있는 특징을 갖는다.

예 제 4-13 조건 연산자

```
#include<stdio.h>
int main(void)
 {
   int a = 1, b = 2;
   double x = 3.0, y = -4.0;
   a = a > b ? ++a : b-- ;
   y - y > 0 ? y :  y ;
   printf("a = %d    y = %f\n", a, y);
   printf("%f\n",'a'>'b' ? x:y);
   return 0;
 }
```

(실행 결과)

```
a = 2    y = 4.000000
4.000000
```

4.10 sizeof() 연산자

어떤 대상 자료의 기억장소 크기를 구하여 byte수를 반환해 주는 연산자가 sizeof() 연산자다. 일반적인 형식은 다음과 같다.

(형식)

```
sizeof(대상자료)
 대상자료: 자료형, 변수,상수, 수식
```

예 제 4-14 **sizeof() 연산자의 사용 예**

```
#include<stdio.h>
int main(void)
 {
   long i = 33L;
   printf("%d\n", sizeof(i) + i);
   printf("%d\n", sizeof(double));
   printf("%d\n", sizeof("abc"));
   printf("%d\n", sizeof(20+020+0x20));
   return 0;
 }
```

(실행 결과)

```
37
 8
 4
 4   /* int형이 4byte인 기계 */
```

연습문제

1. 다음 논리 부정 연산자를 사용하여 주어진 식과 동등한 논리식을 작성하시오.

   예) i != j　　　　　(풀이) !(i == j)

   (1) i 〉 j　&& k 〉 m

   (2) i + 1 〉 j - 2

   (3) i 〉 2 || b 〉 3 && c 〈 4

2. 다음 수식의 결과 값은 얼마인가?

   int　a=1, b=2, c=3

   (1) !a - b + c

   (2) a 〉 !b && c - 3

   (3) !!!b == a || a 〈= c

   (4) a && !b || !! c * 5

   (5) a *= b || !2 == c

   (6) c += b + ++a

   (7) ++b % c % 2 * a--

   (8) b += c = a * 5

   (9) 'A' 〈 'B' && (a=b=c)

   (10) a += b *= c

3. 다음 프로그램의 실행 결과는?

   #include〈stdio.h〉

```
int main(void)
 {
   int  i=1, j=2, k=3;
   printf("%d\n", i < j ? i : j);
   printf("%d\n", i > j ? j : i);
   printf("%d\n", i < j ? k != j+1 ? i:j:k);
   printf("%d\n", i != j <= k-1 ? k:j);
   return 0;
}
```

4. 정수형 변수 a=24, b=12일때 다음 식을 계산하는 프로그램을 작성하라.
   (1) a & b, a | b, a ^ b, ~(a ^ b)
   (2) a && b, a || b, !a && a > b

5. 다음 프로그램의 실행 결과는?

```
#include<stdio.h>
int main(void)
{
  char  c;
  short s='A';
  printf("%d\n", s);
  s = (s << 8) | 'B';
  printf("%d\n", s);
  printf("%c\n", 0xFF&s);
  printf("%c\n", (0xFF00&s) >> 8);
```

```
    return 0;
  }
```

6. 다음 프로그램의 실행결과는?

```
  #incle<stdio.h>
  int main(void)
  {
    int  i, j, k ;
    i = j = k = 3;
    i = --j - ++k;
    printf("%d %d %d\n", i, j, k);
    i = j-- - ++k ;
    printf("%d %d %d\n", i, j, k);
    i = j-- + k++;
    printf("%d %d %d\n", i, j, k);
    return 0;
  }
```

7. int i=28 일때, i << 2, i >> 3의 값을 구하는 프로그램을 작성하라.

8. 정수형 변수 a, b, c에 임의의 값을 읽어들여 조건 연산자를 이용하여 최소값, 최대값을 구하는 프로그램을 작성하라.

9. 다음 문장의 실행 결과를 보여라.

```
  long  i=33L;
```

```
printf(" i=%ld, %ld\n", i, i+sizeof(i));
printf("%d\n", sizeof('a') + sizeof(char) % 2);
```

10. 사용하는 기계에서 각 자료형(char, short, int, unsigned, long, float, double)의 요구되는 메모리 크기를 sizeof()연산자를 이용하여 구하시오.

11. 다음 프로그램의 실행 결과는?

```
#include<stdio.h>
int main(void)
{
    short s = 'A';
    s = '3' | s << 8;
    printf("%d\n", s);
    return 0;
}
```

12. 다음 프로그램의 기능은 무엇인가? 출력항의 메모리 상태를 도시하여 설명하라.

```
#include<stdio.h>
int main(void)
{
    short s = 16691;
    printf("%c\n", s & 0xff);
    printf("%c\n", (s & 0xff00) >> 8);
    return 0;
}
```

Chapter 5 제어문

일반적으로 프로그램의 실행순서는 외부의 명령이 없는 한 순차적으로 실행된다. 구조적인 프로그램을 가능케 하는 필수적인 프로그램 제어구조로서

1. 순차구조(sequence)
2. 선택구조(selection)
3. 반복구조(iteration)

를 들 수 있다. 본 장에서는 선택구조 및 반복구조에 관련된 제어구조에 대해서 C언어에서 제공하는 제어명령문을 중심으로 살펴보기로 한다.

5.1 선택문(Alternative statement)

5.1.1 단순 if 문

if문은 조건에 따라 컴퓨터가 수행할 실행명령을 선택하는 선택제어문에 속한다. if문의 형식은 다음과 같다.

(형식)

```
if(조건식)
   문1 ;
```

여기서 조건식이 참(true)이면(≠0) 문1을 수행하고 거짓(false)이면 문1의 다음 문장을 수행한다.

흐름도를 나타내면 그림 5.1과 같다.

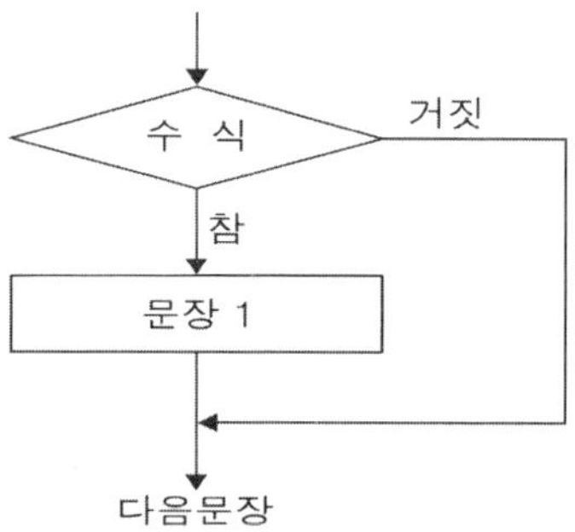

그림 5.1 단순 if문의 흐름도

위에서 문1은 단일문장이거나 블럭 { }으로 둘러싼 복합문장(compound statement)일 수도 있다.

다음의 예에서

```
if(number < 0)
   printf("number is negative digit\n"); /* 출력문1 */
   printf("Input your another number\n");/* 출력문2 */
```

는 number 값이 0보다 작은 값일 때만 출력문1의 printf()문이 실행되고 그렇지 않은 경우 제어는 출력문2의 printf()문으로 옮겨진다.

예 제 5-1 if문

```
#include<stdio.h>
int main(void)
 {
   int i, j, max;
   scanf("%d  %d", &i, &j);
   max = i;
   if(max < j)
   max = j;
   printf("i = %d, j = %d, max = %d\n", i, j, max);
   return 0;
 }
```

(실행 결과)

```
10  20                        ---> 입력
i = 10, j = 20, max = 20      ---> 출력
```

(재실행 결과)

```
20  30                    ---> 입력
i = 20, j = 30, max = 30  ---> 출력
```

5.1.2 if-else문

앞서의 단순if문과는 달리 if문에 else문을 연결시킴으로써 if-else문이 되며 일반 형식은 다음과 같다.

(형식)

```
if(조건식)
    문1 ;
else
    문2 ;
```

조건식의 결과에 따라 문1이나 문2를 양자택일하는 선택문으로 조건식의 결과가 참이면 문장1을 거짓이면 문장2를 수행한다.

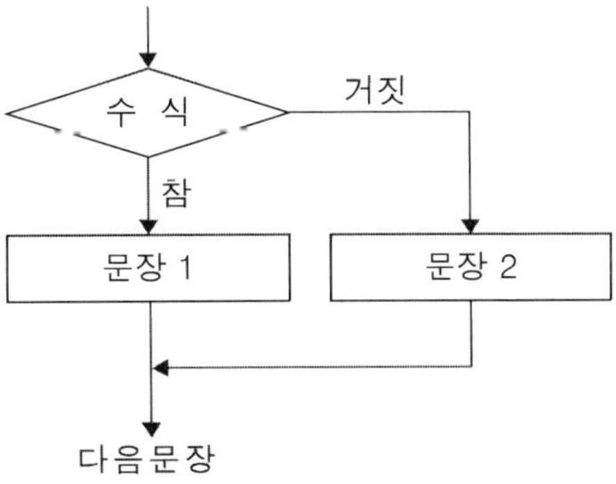

그림 5.2 if-else문의 흐름도

예로서

```
if(number < 0)
{
    printf("Number is negative digit\n");
    printf("Input your another number!\n");
}
else
    printf("Nnumber is positive digit\n");
```

는 조건식이 참이면 복합문을 실행하고 거짓이면 else이하의 printf()문장을 수행한다.

예 제 5-2 if-else문

```
#include<stdio.h>
int main(void)
 {
   int i, j, max;
   scanf("%d  %d", &i, &j);
   max = i;
   if(max < j)
      max = j;
   printf("i = %d, j = %d, max = %d\n", i, j, max);
   return 0;

 }
```

(실행 결과)

```
Please enter one alphabet character!
m  ---> 입력 자료
Lowercase letter typed!
```

(재실행 결과)

```
Please enter one alphabet character!
T ---> 입력 자료
Uppercase letter typed!
```

5.1.3 중첩된(Nested) if문

다음 예는 하나의 if문 안에 또 다른 if문이 포함될 수 있음을 보여준다.

```
if(score > 0)
if(score > 60)
    printf("passed!\n");
```

위 코드는

```
if(score > 0)
{
if(score > 60)
    printf("passed!\n");
}
```

와 동등한 코드이다.

이와 비슷한 형식을 갖는 다음 예를 살펴보자.

```
if(score >= 60)
if(score >= 95)
   printf("Exellence!\n");
else
   printf("passed!\n");
```

위 코드에서 else가 어느 if와 짝이 되는가 하는 문제가 제기된다. 이는 dangling else 문제로서 else는 이전에 기술된 가장 가까운 if와 짝을 맺는다. 따라서 위 코드는

앞서의 규칙을 적용하면

```
if(score >= 60)
{
if(score >= 95)
   printf("Exellence!\n");
else
   printf("passed!\n");
}
```

과 같이 기술할 수 있다.

예제 5-3 Dangling else 사용 예

```
#include <stdio.h>
 int main(void)
  {
    char c;
    printf("please enter one character!\n");
    c=getchar();
    if(c != '\n')
      if(c >= 'a' && c <= 'z')
         printf("A lowercase letter!\n");
      else if(c >= 'A' && c <= 'Z')
         printf("A uppercase letter!\n");
      else
         printf("A other letter!\n");
     return 0;
  }
```

(실행 결과)

```
please enter one character!
      A            ---> 입력값
      A uppercase letter!
```

(재실행 결과)

```
please enter one character!
3            --->  입력값
A other letter!
```

5.1.4 else-if문

else if 형식은 다중 선택구조로서 if와 else if를 조합한 다음과 같은 형식을 취한다.

```
if (조건식 1)
        문 1;
else if (조건식 2)
        문 2;
          :
          :
else if (조건식 n)
        문 n;
else
        문 n+1;
```

이 형식은 조건식을 만족하는 경우에 해당되는 문장을 실행하고 모든 조건식을 만족하지 않는 경우는 n+1번째의 문장을 실행한다.

else-if문의 흐름도는 다음과 같다.

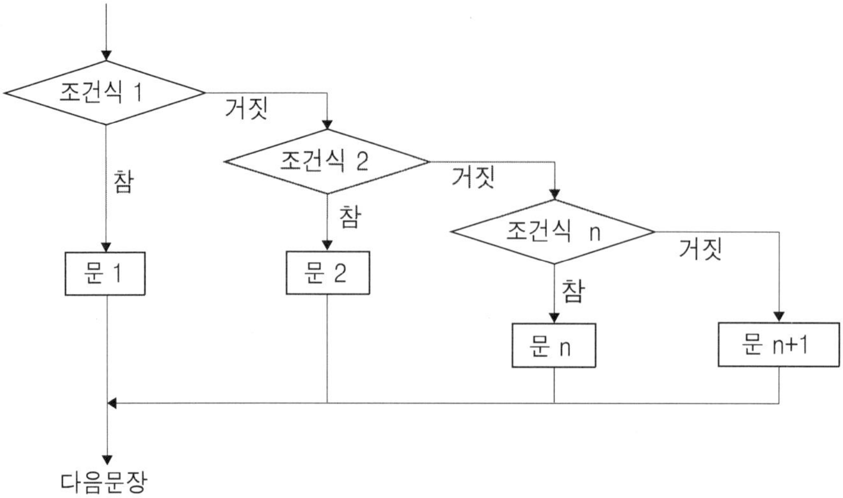

그림 5.3 else-if문의 흐름도

예 제 5-4 else-if형식

```
#include<stdio.h>
int main(void)
 {
   int score;
   char degree;
   scanf("%d", &score);
   if(score >= 90)
      degree = 'A';
   else if(score >= 80)
      degree = 'B';
   else if(score >= 70)
      degree = 'C';
   else if(score >= 60)
      degree = 'D';
   else
      degree = 'F';
      printf("score = %d, degree: %c\n", score, degree);
   return 0;
 }
```

(실행 결과)

```
97  ---> 입력 자료
score = 97, degree: A
```

(재실행 결과)

```
63   ---> 입력 자료
score = 63, degree: D
```

5.1.5 switch문

switch문은 전술한 else if문과 동일한 다중 선택기능을 수행하며 다음 형식을 갖는다.

```
switch(수식) {
case label1:
        문 1;
case label2:
        문 2;
         :
         :
case labeln:
        문 n;
        default:
        문 n+1;
}
```

단, 수식 : 결과치가 정수형 일 것,   label : 상수형 정수식

switch문의 흐름도는 다음과 같다.

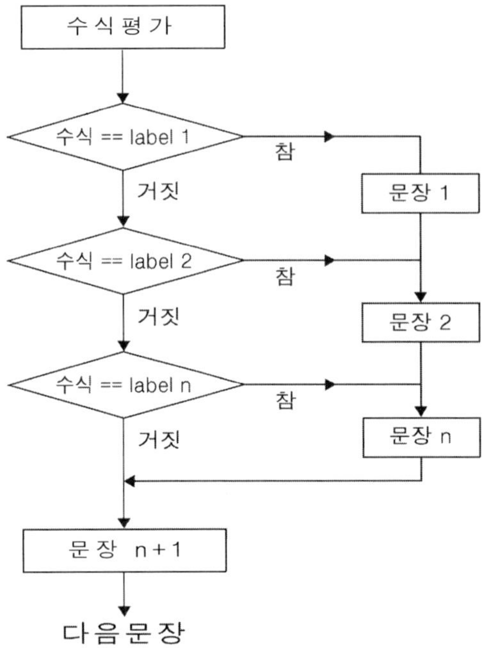

그림 5.4 switch문의 흐름도

switch문은 수식의 평가된 값을 기술된 label값과 비교하여 일치된 쪽으로 실행을 옮겨 해당 label이하의 문장에서부터 default이하 문장까지 모든 문장을 실행한다. 만약 수식의 값과 일치하는 label이 없을 경우는 default 다음 문장만 수행한다.

예로서

```
switch(number) {
    case 1:
        printf("Blue->");
    case 2:
        printf("Yellow->");
    case 3:
        printf("Red->");
    default:
```

```
        printf("Black->");
    }
```

위 코드에서 number가 만약 2이면 실행결과는

Yellow->Red->Black 이며

number의 값이 5일 경우는 일치되는 case label값이 없으므로 default 이하의 문장이 실행되어 Black이 출력된다. 한편 break문은 정상적인 제어흐름을 중단시킬 목적으로 이용한다. 특히 switch문 안에 기술할 경우 switch문의 실행을 마치게 하는 기능을 갖는다. 전술한 예에서 각 case문 끝에 다음과 같이 break문을 넣어보자.

```
switch(number) {
    case 1:  printf("Blue->");
                 break;
    case 2:  printf("Yellow->");
                 break;
    case 3:  printf("Red->");
             break;
    default: printf("Black->");
             break;
}
```

여기서 number == 2라면 실행결과는

Yellow->

이다. 즉, 일치하는 case label 2이하의 문장을 수행 후 break문을 만나 switch문 밖으로 실행을 제어한다.

만약 number값이 정수상수 1, 2, 3의 어느 값과도 일치하지 않은 경우 default이하의 문장을 실행한다. default의 break문은 break문 이하의 기술된 문장이 없으므로 의미가 없으나 정확한 프로그래밍을 위해 습관상 붙이는 것이 바람직하다. 위의 예제를 앞 절에서 언급한 다중 선택문 else-if문의 형식으로 변환시켜 표현하면 다음과 같다.

```
if(number == 1)
   printf("Blue->");
else if(number == 2)
   printf("Yellow->");
else if(number == 3)
   printf("Red->");
else
   printf("Black->");
```

예 제 5-5 switch문

```
#include<stdio.h>
int main(void)
 {
   int n;
   char option;
   printf("Input Data for conversion:");
   scanf("%d  %c", &n, &option);
   switch(option){
      case 'd': printf("%d -> %d(decimal)\n", n, n);
               break;
      case 'o': printf("%d -> %o(octal)\n", n, n);
               break;
      case 'X':
      case 'x': printf("%d -> %x(hex)\n", n, n);
```

```
                break;
        default: printf("Unknown option.\n");
                break;
    }
    return 0;
}
```

(실행 결과)

```
Input Data for conversion: 76  o
76 ---> 114(octal)
```

(재실행 결과)

```
Input Data for conversion: 76  x
76 ---> 4c(hex)
```

switch문의 사용 시 case label의 값이 서로 같은 경우가 있어서는 안되지만 여러 개의 case label에 대해 하나의 문장을 소속시키는 것은 가능하다.

예로서 위 예제에서 option이 소문자 'x'나 대문자 'X'로 입력된 경우 똑같이 해당 입력 정수의 16진수 값을 출력하는 printf문이 실행된다.

5.2 반복문(Iterative Statement)

프로그램의 어느 일정한 부분의 문장을 여러 번 반복해서 수행하고자 할 때 반복문이 사용된다. C언어의 반복문으로는 while문, do-while문, for문이 있다.

5.2.1 while문

while문의 형식은 다음과 같다.

(형식)

```
while(조건식)
  문장 ;
```

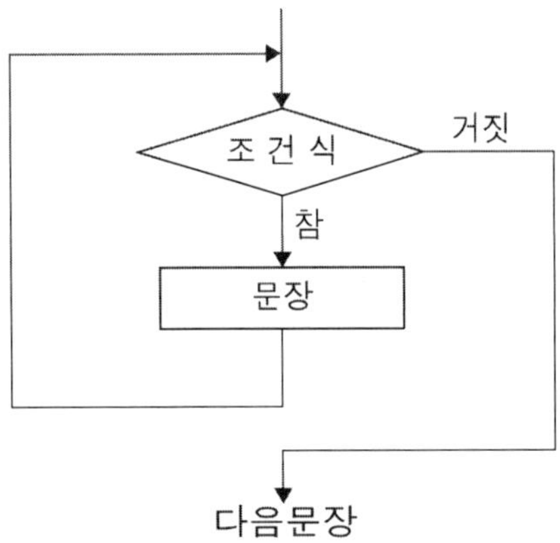

그림 5.5 while문의 흐름도

while문은 조건식을 평가하여 참(≠0)인 동안은 문장을 반복 수행한다. 조건식이 거짓(=0)으로 판명되면 반복loop를 빠져나가 while문의 수행이 끝난다. 여기서 반복 수행할 문장이 단일문장이 아닌 여러 개의 문장일 경우 중괄호{ }로 둘러싼 복합문장 표현을 사용한다.

예로서 1에서 10까지 더하는 프로그램을 생각해 보자.

```
int i=1, sum=0;
while(i <= 10){
    sum = sum + i;
    printf("iteration = %d, sum = %d\n", i, sum);
    i = i + 1;
}
```

이 프로그램은 제어변수 i의 초기값을 1로 지정한 후 while문을 시작한다.

조건식

i <= 10

가 참(TRUE)으로 되는 동안은 블럭 { }안의 문장들이 계속 실행된다.

예 제 5-6 while문

```
#include <stdio.h>
 int main(void)
  {
    int c;
    while((c = getchar())!= EOF)
       putchar(c);
    return 0;
  }
```

위 프로그램에서 EOF(End of File)는 파일의 끝을 표시하는 매크로 상수로서 일반적인 시스템에서 제공하는 stdio.h에서 #define문에 의해

```
#define EOF (-1)
```

로 정의된다. 여기서 변수 c가 문자형인 경우 -1값을 가질 수 없으므로 어떤 시스템에서는 의도한 대로 실행이 불가능해지는 경우도 있게 된다.

위 프로그램을 실행시 키보드를 통해 데이터를 입력한 후 실행을 마치려면 즉, EOF에 해당하는 -1값을 얻기 위해 UNIX시스템에서는 ctrl+d, MS-DOS에서는 ctrl+C 를 입력함으로서 실행이 중지된다.

(입력 자료)

```
This Ex5.6 Introduces while statement. [ctrl+d]
```

(실행 결과)

```
This Ex5.6 Introduces while statement.
```

위 프로그램의 소스 파일명이 test.c이고 실행 파일명이 a.out일 경우 여러분의 시스템에서

a.out 〈 test.c

라는 명령을 주어보자. 〈 는 UNIX나 명령행에서 입력방향지정자이므로 test.c라는 파일 자료를 입력자료로 삼아 실행 파일 a.out이 실행된다.

결과적으로 실행결과가 화면에 출력되게 된다. 다음 명령

a.out 〈 test.c 〉 test.out

혹은

a.out 〉 test.out 〈 test.c

은 실행결과를 출력방향지정자 〉를 사용하여 test.out 파일에 기록한다.

이런 경우 출력 파일 test.out가 없었다면 새로 생성되어 실행결과의 자료를 수록하지만 test.out이 존재한다면 이전의 내용은 지워지고 새로운 실행결과의 내용이 수록되어진다.

a.out 〈 test.c 〉〉 test.out

은 출력 파일 test.out의 이전 내용을 지우지 않고 그 뒤에 실행결과의 내용을 추가시켜 수록하게 해준다.

5.2.2 do-while문

기능 면에서 while문과 유사한 do-while문은 다음 형식을 갖는다.

(형식)

```
do
문장;
while(조건식);
```

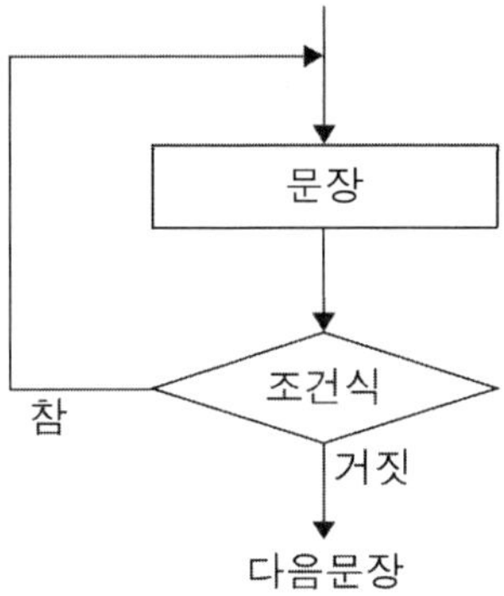

그림 5.6 do-while문의 흐름도

do-while 눈은 먼저 반복되는 문장을 실행한 후 조건식을 평가하여 침이면 반복 문장을 실행하고 거짓이면 do-while을 종료한다.

while문과의 차이점은 while문이 반복문장을 실행하기 전에 조건식을 검토하는 반면 do-while문은 반복이 끝날 때 조건식을 평가하는 점이다. 따라서 do-while문은 최소한 1번 이상은 반복문을 실행한다.

예로서, 1에서 10까지 제곱과 세제곱을 출력시키는 경우를 살펴보자.

```
int i=1;
  do{
      printf("i = %d, %d, %d\n",i, i*i, i*i*i);
      ++i;
       }while(i <= 10);
```

먼저 { }내의 문장을 실행한 후 변수 i가 10보다 작거나 같은가를 검토하여 조건식이 거짓으로 되지 않는 한은 반복 실행한다.

예 제 5-7 do-while 사용 예

```
#include <stdio.h>
int main(void)
 {
   int c;
   c = getchar();
   do{
      if( c >= 'a' && c <= 'z')
         putchar(c-'a'+'A');
      else
         putchar(c);
         c = getchar();
      }while(c != EOF);
  return 0;
 }
```

(입력자료)

```
No sweat!
No fruit!
```

(실행 결과)

```
NO SWEAT!
NO FRUIT!
```

5.2.3 for 문

for문은 전술한 반복문에 비해 구조상 세 개의 수식이 포함되어 복잡도가 증가된 반면 기능이 다양하여 응용성을 증가 시켜 준다.

일반 형식은 다음과 같다.

(형식)

```
for( 식1 ; 식2 ; 식3)
      문장 ;
```

for 문에서 세 개의 식은 두개의 ; 으로 구분하며, 일반적으로 식1은 제어변수의 초기화식, 식2는 조건식, 식3은 제어변수의 내용을 변경시켜 주는 용도로 기술된다.

for 문의 실행은 흐름도에서 알 수 있듯이 먼저 식1을 한차례 실행한 후 식2를 평가하여 참이면 문장 -> 식3 -> 식2의 평가 순으로 실행제어가 옮겨지고 거짓이면 for 루프를 벗어난다.

예로서 while 문에서 언급한 1에서 10까지 더하는 문제를 생각해 보자.

for문의 흐름도는 다음과 같다.

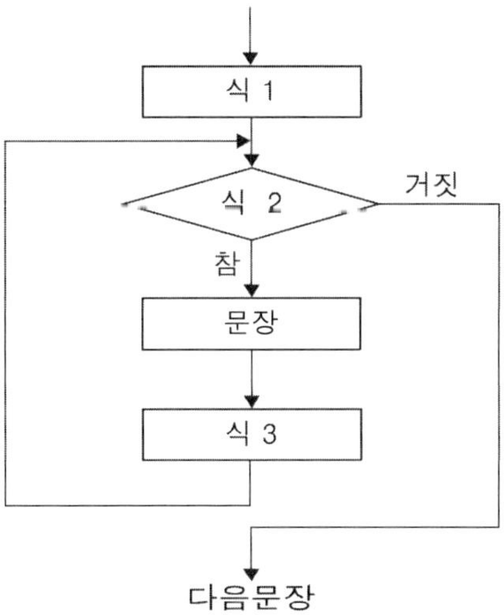

그림 5.7 for문의 흐름도

예로서 다음과 같은 문장으로

```
int i,sum = 0;
for(i = 1; i <= 10; i++)
  sum += i;
```

앞에서 언급한 1에서 10까지 더하는 문제를 다시 생각해 보자.

for문에서 식을 구분하는 두개의 ; 을 제외하고 기술되는 세 개의 식은 필요에 따라 생략할 수 있다.

다음은 위의 예제를 변형 시킨 경우로서

```
int i,sum = 0;
i = 1;
for( ; i <= 10; i++)
  sum += i;
```

는 첫 번째 식을 생략한 경우이며 세 번째 식도 다음과 같이 생략 가능하다.

```
int i, sum = 0;
i = 1;
for( ; i <= 10; ){
 sum += i;
 i++;
}
```

이러한 코드는 while 문을 사용하여 다음과 같이 나타낼 수 있다.

```
int i,sum = 0;
i = 1;
while(i <= 10) {
  sum += i;
  i++;
}
```

for 문에서 두번째 수식이 생략된 경우는 논리적으로 참으로 평가 된다. 따라서 다음의 예는 무한 루프가 된다.

```
for( ; ; )
    ;
```

for 문은 변환 값의 증가나 감소가 가능하며 변환 값은 등차나 등비로 자유롭게 지정할 수 있는 장점을 갖는다.

```
for( i = 1 ; i <= 10; i += 2)  /* 등차 증가 */
for( i = -1 ; i >-20 ; i *= -2) /* 등비 감소 */
```

또한 변환값에 문자 자료의 사용이 가능하며 식의 표현에 연산자의 사용이 가능하다.

```
for(ch = 'A' ; ch <= 'Z' ; ch++)  /* 문자 사용 */
for(i=1,ch='A' ; ch <= 'Z' ; ch++,i++) /*  ,(컴마)연산자 사용 */
```

예 제 5-8 for문의 사용 예

```
#include<stdio.h>
int main(void)
 {
   int i,n,fact = 1 ;
   printf("Input n for factorial : ");
   scanf("%d",&n);
   for(i=1 ; i<=n ; ++i)
      {
       fact *= i ;
       printf("%d != %d \n", i, fact );
      }
   return 0;
 }
```

(입력 자료)

```
Input n for factorial : 5  ---> 입력값
```

(실행 결과)

```
1! = 1
2! = 2
3! = 6
4! = 24
5! = 120
```

예제 5-9 중첩 for 문 사용 예

```
#include<stdio.h>
int main(void)
 {
   void pr();
   int i,j;
   i=j=0;
   pr();
   printf("%5s%5s%5s%5s%5s\n",
         "i", "j","i&&j","i||j","i!=j");
   pr();
   for(i=0 ; i<=1 ; i++)
      for(j=0 ; j<=1 ; j++)
         printf("%5d%5d%5d%5d%5d\n",i,j,i&&j,i||j,i!=j);
   return 0;
 }
void pr()
 {
   printf("     ---------------------\n");
 }
```

(실행 결과)

```
  i      j     I&&j     i||j     i!=j
---------------------------------------
  0      0      0        0        0
  0      1      0        1        1
  1      0      0        1        1
  1      1      1        1        0
```

5.3 분기문(Branching statements)

전술한 if문, switch문, 그리고 반복문의 사용시 제어흐름을 중단 시키거나 제어 loop로 부터 빠져 나오게 하는 분기문으로서 break문, continue문, goto문이 있다.

5.3.1 break문

break문의 형식은 다음과 같다.

(형식)

```
break ;
```

break문은 while문, do while문, for문, switch문의 실행시 break문이 정의된 가장 가까운 반복 loop로 부터 탈출하기 위한 명령문이다.

다음의 사용 예를 살펴보자.

```
int ch, count = 0;
while(1) {
        ch = getchar();
        if(ch == EOF)
          break;
          count++;
          putchar(c);
        }
```

변수 ch에 입력 받은 문자가 EOF와 일치 하면 while 루프를 빠져 나온다.

5.3.2 continue문

continue문의 형식은 다음과 같다.

(형식)

```
continue ;
```

continue문은 while문, do-while문, for문, switch문에서 사용 할 수 있으며 continue문을 만나면 해당 loop의 현 단계 반복을 생략하고 다음 단계 반복을 실행하도록 한다. 사용 예를 들어 보면 다음과 같다.

```
int n, count = 0;
while (scanf("%d",&n) == 1){
    if(n < 0)
    continue ;
    count++;
    printf("%d\n",n);
}
```

만약 음수가 입력되면 continue문 이하의 두 문장의 실행을 생략하고 다음 차례의 반복을 계속한다.

5.3.3 goto문

goto문은 프로그램의 실행제어를 임의의 위치로 무조건 옮기는 명령으로 형식은 다음과 같다.

(형식)

```
goto label ;
  :
label:
  :
```

goto문은 자신이 정의된 함수 내에서 지시한 레이블(label)이 있는 곳으로 제어를 무조건 분기한다. 이때 레이블 명은 변수명의 규칙을 적용하여 작성하되 미리 선언하지 않아도 된다.

예를 들어 0 과 100 사이에 존재하는 5 배수의 정수를 출력하는 프로그램을 생각해 보자.

```
int i=0,count=0;
again :
if(i % 5 == 0)
    {
       printf("%d\n",i);
       count ++ ;
    }
  i++ ;
  if(i != 100) goto again ;
  printf("count = %d",count);
```

위의 예제에서 변수 i가 100과 같지 않는 한 goto문을 만나 제어는 레이블 again이 있는 장소로 이동한다.

일반적으로 goto 명령들은 프로그램 구조를 복잡하게 하여 프로그램 이해나 수정을 어렵게 하기 때문에 가능한 사용을 피하고 다른 명령문으로 대체 하는 것이 바람직하다.

다음의 예는 if-else문을 사용하여 goto문 사용을 생략한 경우이다.

```
if(i > 10)
     goto first ;
     apple = 20 ;
     go to second ;
first : apple = 40;
second : total = 2 * apple ;
```

goto문 생략한 경우

```
if(i > 10)
    apple = 40;
else
    apple = 20;
    total = 2*apple;
```

예제 5-10 goto문 사용 프로그램

```
#include <stdio.h>
 int main(void)
  {
    char ch, wordcount=0;
    dasi1:   dasi2:
    ch = getchar();
    putchar(ch);
    if(ch != ' ')
        goto dasi1;
        wordcount++;
        if(wordcount > 5)
            printf("\nExcess ten words\n");
        else
            goto dasi2;
    return 0;
  }
```

(입력 자료)

```
This program display multiple labels for goto statement
```

(실행 결과)

```
This program display multiple labels for
Excess ten words
```

연 습 문 제

1. 아래 입력에 대한 다음 프로그램의 실행 결과는?

   [입력] Young man, obey your father and your mother!

   (1)
```
int ch;
    while ((ch = getchar()) != '\n')
    printf(ch - 32);
```

   (2)
```
int ch, count = 0;
    do {
      ch = getchar();
      putchar(ch);
       }while(ch != '\n');
         printf("%d\n", count);
```

   (3)
```
int ch, count;
    for(count = 1; (ch = getchar()) != '\n'; count++)
      putchar(ch);
      printf("%d", count);
```

2. 다음 프로그램의 실행 결과는?

```
int i, n;
scanf("%d", &n);
for(i = n; i > 0; i /= 2)
  printf("%2d", i % 2);
```

3. 아래 프로그램 실행 후 while문과 do-while문의 차이점을 말하라.

```
int i=0;
while(++i < 3)
  printf("oh!");
i = 0;
do{
  printf("Aha!");
  }while(++i < 3);
```

4. 다음 프로그램을 완성시키고 while문으로 변형하라.

```
char ch;
for( ch = 'A'; ch <= 'Z'; ch++)
  { putchar(ch);
    putchar(ch + 32);
  }
```

5. 다음은 입력자료의 영문자, 숫자, 기타 문자의 갯수를 세는 프로그램이다. 빈칸을 채워 완성하라.

```
int alpha, digit, other, ch;
alpha = digit = other = 0 ;
while((ch = getchar()) != EOF){
     if(ch >= '0' && ch <= '9')
         digit++;
     else if (                              )
         alpha++;
```

```
        else
                other++;
    }
```

6. 2에서 100사이의 소수를 출력하는 프로그램이다. 빈칸을 채워 프로그램을 완성하라.

```
int i, j, to;
for( i = 2, to = 100; i <= to; i++){
    j = 2;
    while( i % j != 0)
        (                                    )
    if(j == i)
        printf("%d\n", i);
}
```

7. 다음은 1에서 100사이의 3의 배수를 출력하는 프로그램이다. 빈칸을 채워 프로그램을 완성하라.

```
int i = 0, count = 0;
while(++i <= 100){
        if (                                    )
            {
                count++;
                printf("%d %c", i, count % 5 == 0 ? '\n' : ' ');
            }
    }
```

8. 다음 프로그램과 동등한 프로그램을 for문을 이용하여 작성하려고 한다.

```
int count = 0;
ploop:  putchar('1');
        putchar('2');
        putchar('3');
        putchar('4');
if(++count < 100)
        goto ploop;
```

위 코드와 동등한 for 문을 빈칸을 채워 완성하라.

```
int count = 0;
for (                              )
putchar('3');
```

9. 반복문을 사용하여 다음 패턴을 출력하는 프로그램을 작성하라.

```
*                * * * * *          *
* *               * * * *         * * *
* * *              * * *        * * * * *
* * * *             * *           * * *
* * * * *            *              *
```

10. 다음과 같은 입력에 대응하는 출력이 나오도록 switch문을 이용하여 프로그램을 작성하라.

```
int i = 10, j = 2;
```

(입력)	(출력)
i + j	10 plus 2 = 12
i - j	10 minus 2 = 8
i % j	10 modulus 2 = 0
i * j	10 multiple 2 = 20
i / j	10 divide 2 = 5

11. 다음 프로그램은 0 ~ 100사이의 짝수와 홀수 갯수를 세는 프로그램이다. 잘못된 곳을 지적하라.

```
int i = 0, count1 = 0, count2 = 0;
while(i++ < 100)
   switch( i % 2 ){
   case 0:
         printf("%d -->even\n", i);
         count1++;
   default:
         printf("%d --> odd\n", i);
         count2++;
   }
```

12. 다음에서 a값이 4, 8, 16일 때의 출력결과는?

```
if(a > 5)
   if(13 < a)
      printf("Hope\n");
   else
```

```
    printf("Love\n");
else
    printf("Faith\n");
```

13. 소문자의 자료를 읽어 대문자로 출력하는 프로그램을 작성하라.

14. N!을 구하는 프로그램을 작성하라.

15. 두 정수를 입력받아 최대공약수를 구하는 프로그램을 작성하라.

16. for문을 이용하여 구구단을 출력하는 프로그램을 작성하라.

17. 문장을 입력 후 문장에 포함된 영문자(A,B,C,...)들이 각각 출현하는 빈도를 계산하는 프로그램을 작성하라.(switch문을 이용하라.)

18. $1^2 + 1^2 - 2^2 + 1^2 - 2^2 + 3^2 + 1^2 - 2^2 + 3^2 - 4^2 + \ldots 1^2 - 2^2 + 3^2 + \ldots - 30^2$을 구하는 프로그램을 작성하라.

Chapter 6

함수와 변수

programming

모든 C프로그램은 함수로 구성 되어있음을 1장에서 언급한 바 있다. 이미 우리는 앞장에서 printf, scanf, putchar, getchar함수 등에 대해서 공부하였으며 프로그램 작성시 이미 그 함수들을 사용한바 있다. 본 장에서는 함수의 구조, 함수 호출 방법, 함수 간 상호 작용 등 함수에 대해 더욱 자세하게 설명하기로 한다.

6.1 개요

어떤 큰 문제를 더 작은 문제로 세분화하여 해결하는 방법은 구조화 프로그램의 문제 해결 방법이다. 함수는 분할된 특정문제를 전담하여 처리하도록 만들어진 독립된 부분 프로그램으로서 다른 언어의 서브루틴(Subroutine)과 함수(Function), 프로시듀어(Procedure), 메소드(Method)등에 대응된다.

C에서 함수를 이용하여 큰 프로그램을 분할 처리함으로써 특징별로 프로그램의 분할 제작이 가능하고 수정과 유지 보수가 용이하게 된다. 이른바 함수를 이용할 경우 프로그램의 하향식(top-down) 설계를 가능케 함으로서 좋은 프로그램을 구축할 수 있게 된다.

우리는 함수에 데이터를 입력해서 필요한 결과 데이터만 얻으면 된다. 큰 프로그램 작성 시 처음부터 모든 함수 내부 구조나 자료처리 절차를 알 필요가 없이 함수를 하나의 미공개 된 비밀 상자로 간주한 상태에서도 작업을 원만히 진행 시킬 수 있게 된다.

6.2 함수의 구조

함수의 일반적인 형식은 다음과 같다.

(형식)

```
[함수의 자료형] 함수명 ([인수리스트)] ─┐
                                       │ 헤더 (header)
[인수의 선언]                          ─┘
  {  /* 함수의 시작 */
    [함수내 지역변수 선언]              ─┐
    [ 실  행  문 ]                       │ 몸체 (body)
           :                             │
  }                                     ─┘
```

위에서 []부분은 생략 가능한 부분이다. 함수의 자료형은 함수 수행 후 반환되는 자료의 형에 의해서 결정되며 함수의 자료형이 생략된 경우는 int형으로 간주한다. 예를 들어 main()함수에서 함수 a_print를 호출하는 경우를 살펴보자.

예제 6-1 main()에서 다른 함수 호출

```
#include<stdio.h>
int main(void)
 {
   void a_print();
   a_print();
   return 0;
 }
void a_print()
 {
   printf("A good man hates lies \n");
 }
```

(실행 결과)

```
A good man hates lies
```

위에서 main()함수 내의 문장 a_print();는 피호출 함수 a_print를 호출하는 호출 문장으로 컴퓨터는 a_print함수로 제어를 이동시킨다.

컴퓨터는 a_print함수의 내부 문장 printf()명령문을 실행 후 제어를 다시 main() 함수로 복귀시켜 호출문장 다음부터 실행을 계속한다.

6.3 함수의 인수(Argument)

함수 간의 자료 교환은 인수를 통해서 이루어진다. 다음과 같은 인수를 갖는 함수의 경우를 살펴보자.

예 제 6-2 인수를 갖는 함수 호출

```
#include<stdio.h>
int sum(n,m)
int n, m;
  {
    int k;
    k = n + m;
    return(k);
  }
 int main(void)
  {
    int sum(int, int);
    int i, j, k;
    scanf("%d  %d", &i, &j);
    k = sum(i, j);
    printf("sum = %d\n", k);
    return 0;
  }
```

(실행 결과)

```
10  40        ---> 입력 자료
sum = 50
```

피호출 함수명 sum 다음의 인수 n과 m은 가인수(formal argument)이며 가인수의 형선언은 함수 몸체 시작 { 전에 이루어진다.

main()함수의 sum함수의 호출 문장 k = sum(i, j);에서 인수 i와 j는 실인수(actual argument)이다. 여기서 인수 전달은 값 호출(call-by-value)방식으로서 실인수에서 가인수로 전달되며 두 인수 리스트의 인수 갯수와 대응하는 인수의 자료형이 반드시 일치해야 한다. 실인수는 변수, 상수, 수식 등의 형태를 가질 수 있으나 가인수는 변수만 가능하다.

함수 main()에서 선언된 변수 k와 함수 sum에서 선언된 변수 k는 해당 함수 내에서만 인식되는 지역변수(local variable)로서 각기 독립적인 기억장소를 사용한다.

6.4 return문

피호출 함수의 return문은 제어를 호출 환경으로 복귀 시키며 return문이 존재하지 않을 경우에는 피호출 함수의 끝부분의 }에 도달하면 자동적으로 호출 환경으로 제어가 이동된다. 피호출 함수의 계산 결과를 호출 환경에 반환하기 위해 수식을 포함하는 return문을 사용한다.

return문의 두 가지 형식은 다음과 같다.

(형식)

```
return;          /* 제어만 호출 환경으로 복귀 */
return( 수식 ); /* 호출 환경으로 수식 값을 반환 */
```

함수 내에 여러 개의 return문을 사용할 수 있지만 그 중 하나에 의해서 호출 환경으로 복귀된다.

```
if(n > m)
  return(n);
else
  return(m);
```

위에서 if문의 조건식의 결과치에 따라 큰 값이 호출 환경으로 반환된다.

6.5 함수의 자료형

함수의 반환치에 대한 자료형은 그 함수의 자료형을 결정하며 정수, 실수, 문자형 등 여러 가지 자료형을 가질 수 있으며 함수의 헤드 부분에서 형이 선언된다.

예제 6-3 반환치를 갖는 함수

```
int sum(a, b)
int a, b;
  {
        :
        :

        return(a + b); /* 정수형 반환 */
  }
```

예제 6-4 double형 반환치를 갖는 함수

```
double triple(a, b) /* double형 선언 */
int a, b;
  {
        :
        :
        return(3.0*a + 3.0*b); /* double형 자료 반환 */
  }
```

예제 6-5 문자형 반환치를 갖는 함수

```
char put_char() /*문자형 선언 */
  {
        :
        :

        return(putchar(getchar)); /* 문자형 자료 반환 */
  }
```

정수형 함수의 경우는 함수 head부분에서 함수의 형 선언을 생략할 수 있다. 또한 함수를 호출하기 전에 피호출 함수의 자료형을 반드시 선언해야 한다. 만약 자료형을 선언하지 않는 경우 컴파일러는 함수 호출문을 만나면 그 결과 값을 정수형으로 간주하게 된다. 피호출 함수의 형을 선언하는 부분에서 피호출 함수 인수는 명기할 필요가 없다.

예 제 6-6 반환치의 자료형이 다양한 함수

```
#include <stdio.h>
int main(void)
{
    int i=3, j=5;
    double triple();  /* 피호출 함수의 형선언 */   ┐ 피호출
    int sum();                                     │ 함수의
    char put_char();                               ┘ 형 선언
    printf("sum = %d\n",sum(i,j));
    printf("triple = %lf",triple(i,j));
    printf("put_char = %c\n",put_char());
    return 0;
}
int sum(x, y)
int x, y;
{
    return(x+y);
}
double triple(x, y)
int x, y;
{
    return(3.0*x + 3.0*y);
}
char put_char()
{
    return putchar(getchar());
}
```

(실행 결과)

```
sum = 8
triple = 24.000000
aput_char = a
```

위 예제의 실행 결과에서 문자 입력 자료는 'a'이다.

결과치를 반환하지 않는 함수, 즉 반환값이 없는 함수는 void형으로 선언하여 컴파일러가 구별하도록 하여야 한다.

예 제 6-7 void형 함수 호출

```
#include<stdio.h>
int main(void)
 {
   void a_print();
   int i;
   for(i=0;i<=3;++i)
     a_print();
   return 0;
 }

void a_print()
 {
   printf("A good man hates lie\n");
 }
```

(실행 결과)

```
A good man hates lie
A good man hates lie
A good man hates lie
A good man hates lie
```

6.6 수치 함수(Mathematical function)

C언어에서 수치함수들은, 즉 삼각함수 sin(),cos(),tan()와 제곱함수 sqrt(), 승수함수 pow(), 지수함수 exp() 등은 math.h라는 헤더 파일에 정의되어 있으며 해당 수치함수를 이용하기 위해서 선행처리 지시문 #include 〈math.h〉을 기술해 주어야 한다.

예 제 6-8 수치 함수 호출

```
#include <math.h>
int main(void)
 {
   int i;
   for(i=1;i<=90;i++)  {
      printf("sin(%d) = %f\n",i,sin(3.14159*i/180));
      printf("sqrt(%d)= %lf\n",i,sqrt((double)i));
   }
   return 0;
 }
```

(실행 결과)

```
sin(1) = 0.017452
sqrt(1) = 1.000000
sin(2) = 0.034899
sqrt(2) = 1.414214
            :
sin(90) = 1.000000
sqrt(90) = 9.486833
```

위 예제에서 sqrt함수의 인수를 double형으로 cast 시킨 것은 인수가 double형을 갖기 때문이다. 삼각함수의 경우는 double형의 radian값을 인수로 취한다. pow()함수는 두 개의 double형 인수를 취한다.

6.7 변수의 영역(Scope)

c프로그램에서 정의하여 사용하는 변수들이 영향을 미치는 유효 범위에 대한 일반적인 규칙(rule)은 선언된 변수의 블럭(Block)내로 한정된다.

다음 예를 살펴보자.

```
#include<stdio.h>
int main(void)
        {
          int a = 3, b = 4;
          printf("%d  %d\n", a, b);      /* 3 4 출력 */
              {
Block   Block      int a = 7;
 (I)     (II)      b++;
                   printf("%d  %d\n", a, b); /* 7 5 출력 */
              }
          printf("%d  %d\n", a, b);     /* 3 5 출력 */
          return 0;
        }
```

(실행 결과)

```
3 4
7 5
3 5
```

위 예에서 두개의 블럭, 즉 외부 블럭(I)과 내부 블럭(II)에서 각각 정의된 변수 a는 해당 블럭내 에서 의미를 가지고 사용될 수 있다. 외부 블럭 변수 a는 내부 블럭에서도 유효 범위를 가지고 사용될 수 있으나 동일한 명칭으로 내부 블럭에서 변수 a가 정의 되어 있으므로 외부 블럭의 변수 a는 숨어 버린다. 변수 b의 경우 외부 블럭에서 선언되고 내부 블럭에서는 동일한 명칭의 변수가 선언되지 않았다.

따라서 내부 블럭에서도 접근 가능(accessible)하다. 이와 같이 블럭을 사용함으로서 변수에 대한 메모리를 필요한 블록 내에서만 점유하고 필요치 않는 블럭에서는 메모리를 시스템에 돌려주기 때문에 경제적 메모리 관리를 도모할 수 있다.

예 제 6-9

```
#include<stdio.h>
int main(void)
 {
   int a=1, b=2;
   printf("%d %d \n", a, b);
   {
    int b=3, c=4;
      {
       int c=b;
       printf("%d %d %d\n", a, b, c);
      }
    printf("%d %d %d\n", a, b, c);
   }
   return 0;
 }
```

(실행 결과)

```
1 2
1 3 3
1 3 4
```

6.8 기억 클래스(Storage class)

C언어의 변수나 함수의 특성은 자료형(type)과 기억 클래스에 따라 결정된다. 기억 클래스는 변수가 기억될 장소와 그 장소를 점유하는 기간(life time)과 변수의 유효

범위(effective scope) 등을 결정해 주는 기억장소의 종류를 의미한다.

기억 클래스 종류는 다음과 같이 네 가지가 있다.

keyword	의 미
auto	자동 변수
static	정적 변수
extern	외부 변수
register	레지스터변수

6.8.1 자동 변수(Automatic variable)

자동 변수의 선언 형식은 다음과 같이 예약어 auto를 이용한다.

(형식)

```
auto 자료형 변수;
```

(선언 예)

```
#include<stdio.h>
int main(void)
 {
   auto int i;
   auto char ch = 'A';
   auto double r = 2.0;
                 :
   return 0;
 }
```

자동 변수는 이제까지 우리가 사용해 왔던 변수로서 예약어 auto의 생략이 가능하다. 따라서 전술한 선언 예제의 문장은 다음 문장과 동등하다.

```
int i;
char ch = 'A';
double r = 2.0;
```

자동 변수는 지역변수이며 유효범위는 변수가 선언된 함수의 블록(block)내로 제한된다. 자동 변수는 주기억 장치의 일시적 기억 영역인 stack메모리를 사용하며 자신이 선언된 함수가 불려졌을때 기억 장소를 할당 받으나 그 함수를 벗어나면 더 이상 기억장소가 확보되지 않고 소멸된다. 즉, 다중 블럭의 각 블럭에서 동일한 명칭으로 자동 변수가 선언된 경우 해당 블럭에서 선언한 자동 변수가 우선적으로 유효하다.

또한 자동 변수에 대한 값 지정은 프로그램 실행 시에 이루어지기 때문에 초기화가 되지 않은 변수의 값은 미정(undefined)이다.

예 제 6-10 자동 변수

```
#include<stdio.h>
int main(void)
 {
   auto int i = 3;
   float f = 1.23;
   {
     int j = 5;
     printf("%d %d %f\n", i, j, f);
   }
   printf("%d %d %f\n", i, j, f);
   return 0;
 }
```

(실행 결과)

```
Error  :  Undefined symbol 'j' in function main
```

위 예제에서 자동 변수 j는 안쪽 블럭에서만 알려지고 바깥 블럭에서는 감추어지기 때문에 오류가 발생한다.

6.8.2 정적 변수(Static variable)

정적 변수의 선언 형식은 다음과 같이 예약어 static을 이용한다.

(형식)

```
static 자료형 변수;
```

(선언 예)

```
static int i, j = 2;
static double d = 3.75;
static char alpha;
```

정적 변수는 선언하는 위치가 함수 외부인가 또는 함수 내부인가에 따라 외부 정적 변수와 내부 정적 변수로 구별되어진다.

정적 변수가 사용하는 기억 장소는 stack이 아닌 주기억장소로서 자동 변수와는 달리 프로그램 실행 시작부터 종료될 때 까지 기억된 값을 보존한다. 따라서 탈출한 블럭에 다시 진입해도 이전에 기억된 값이 그대로 보존되어 그 값을 다시 사용 할 수 있다.

다음 예제를 살펴보자.

예 제 6-11 정적 변수

```
#include<stdio.h>
void f()
  {
    static int count = 0;
    auto int iter = 0;
    printf("iter = %d  count = %d\n", ++iter, ++count);
  }
 int main(void)
  {
    void f();
    int i;
    for( i=0; i < 3; ++i)
      f();
    return 0;
  }
```

(실행 결과)

```
iter = 1  count = 1
iter = 1  count = 2
iter = 1  count = 3
```

실행 결과를 보면 함수 f()가 호출될 때 마다 자동 변수 iter는 0으로 초기화 되는 반면 정적 변수 count는 1씩 증가된 값을 보존시켜 누적시켜줌을 알 수 있다. 정적 변수에 대한 초기화 작업은 최초의 한번만 초기화되기 때문에 count에 대한 초기화는 f()의 선언문에서 최초 1회에 국한된다. 만약 초기화 되지 않은 경우는 수치 변수는 0의 값을 문자형 변수는 null문자값을 초기값으로 갖는다.

예제 6-12 초기화 되지 않은 정적 변수

```
#include<stdio.h>
int main(void)
 {
   static int i;
   static double d;
   static char a;
   printf("%d  %lf  %c\n", i, d, a);
   return 0;
 }
```

(실행 결과)

```
        0  0.000000
```

내부정적변수의 경우 선언된 함수나 블록 내에서만 참조 가능하나 외부정적변수는 선언된 파일 내에서 선언 이후에는 어디에서나 참조가 가능하다.

예제 6-13 외부 정적 변수

```
#include<stdio.h>
static int i;
int main(void)
 {
   void f1(), f2();
   static int i=10;
     f1();
     f2();
   printf("%d\n", i); /* 10 출력 */
   return 0;
```

```
  }
static int j=2;
void f1()
  {
    printf("i = %d, j = %d\n", ++i, j++);
  }
static int k=3;
void f2()
  {
    printf("i = %d, j = %d, k = %d\n", i, j, k);
  }
```

(실행 결과)

```
i = 1, j = 2
i = 1, j = 3, k = 3
10
```

위 예제에서는 main, f1, f2 함수가 한 file에 존재한다고 가정할 경우 외부 정적 변수 i는 file내 전체의 영역에서 참조 가능하고 정적 변수 j의 영역은 함수 f1, f2에 이르고 변수 k의 유효 영역은 함수 f2로 국한된다. main함수 내에서는 동일한 변수명 i가 내부정적변수로 선언되어 있으며 이 변수는 외부정적변수 i보다 우선적이다.

6.8.3 외부 변수(Extern variable)

외부 변수의 선언 형식은 다음과 같으며, 예약어 extern을 이용한다.

(형식)

```
extern 자료형 변수명;
```

(선언 예)

```
int i;
char ch = 'A';
```

```
int main(void)
{
        :
  return 0;
}
```

외부 변수는 함수 밖에서 extern이란 키워드를 붙이지 않고 정의되고, 컴파일 작업을 달리하는 다른 소스 파일의 여러 단위 프로그램에서도 참조가 가능한 전역적(global)인 유효 범위를 갖는 변수이다. 외부 변수는 자동 변수나 정적 변수, 앞으로 설명할 레지스터 변수와는 달리 특정 파일이나 함수에 제한 받지 않고 참조가 가능하다. 기억장소는 정적 변수와 같이 주기억장소를 사용하기 때문에 프로그램의 종료시까지 소멸되지 않고 보존된다.

만약 외부 변수가 정의된 동일한 파일 내에서 외부 변수를 참조하고자 할 때는 예약어 extern을 생략할 수 있다.

```
int i;
 int main(void)
{
extern int i; /*생략할 수 있음*/
                :
    return 0;
 }
```

하지만 컴파일 단위가 다른 별개의 파일에서 변수를 참조하고자 할 때는 예약어 extern을 이용하여

```
extern int i;
```

라고 선언해 주어야 한다. 외부변수의 경우 선언과 정의는 구분하여 사용하여야 한다. 정의는 변수를 위한 기억장소를 할당하도록 하며 프로그램 상에서 한번 이루어진다. 선언은 변수의 특성을 컴파일러에게 알려주는 역할만 하며 메모리 할당과는 관계가 없다. 정의는 선언을 겸할 수 있으나 선언은 정의를 겸할 수 없으며 변수의 초기화는 정적 변수의 경우와 동일하다.

main(),f1(),f2()함수가 동일파일 안에 있는 경우의 예를 살펴보자.

예 제 6-14 외부 변수

```
#include<stdio.h>
int x;
int main(void)
 {
   void f1(), f2();
   int x=10;
   f1();
   f2();
   printf("main  x = %d\n", x);
   return 0;
 }
void f1()
 {
   printf("f1  x = %d\n", x);
 }

void f2()
 {
   extern int x;
   printf("f2  x = %d\n",++x);
 }
```

(실행 결과)

```
f1  x = 0
f2  x = 1
main  x = 10
```

외부 변수 x는 초기화가 이루어지지 않았기 때문에 0으로 출력된다. f1과 f2 함수가 동일 파일에 존재하는 경우 extern을 이용하여 외부변수를 재 선언한 경우나 그렇지 않고 extern변수 선언을 생략한 경우 모두 동일하게 변수 x를 참조할 수 있음을 보여주고 있다. 다음 예는 main()함수가 file_a.c에 f1(), f2()는 file_b.c에 수록된 경우이다.

예 제 6-15 파일 단위가 다른 경우의 외부 변수 참조

file_a.c

```
#include<stdio.h>
int x;
int main(void)
{
void f1(), f2();
f1();
f2();
printf("main x=%d\n",++x);
return 0;
}
```

file_b.c

```
void f1()
{
  extern  int x;
  printf("f1   x=%d\n",++x);
}

void f2()
{
  int x=10;
  printf("f2   x=%d\n",++x);
}
```

(실행 결과)

```
f1   x = 1
f2   x = 11
main  x = 2
```

위 예에서 file_b.c에서 file_a.c의 외부변수 x는 f1()함수 에서만 참조 가능하다. f1()과 f2()모두가 외부 변수 x의 참조 유효영역이 되도록 하려면 file_b.c의 f1()함수 위에서 그림 6.1 a와 같이 선언 하든지 함수 f2()에서도 extern을 이용하여 그림 6.1 b와 같이 선언해 주어야 한다.

```
extern int x;
void f1()
{
        :
        :
}
void f2()
{
        :
        :
}
```

그림 a

```
void f2()
{
    extern int x;
        :
        :
        :
}
```

그림 b

그림 6.1 외부 변수의 영역

그림 6.1에서 알 수 있듯이 외부변수는 서로 다른 파일에서 자료접근을 가능케 함으로서 이미 언급한 함수 간 자료전달 방법인 인수에 의한 자료전달 방법과 더불어 함수 간 정보를 전달할 수 있는 또 하나의 방법이 되고 있다. 그러나 외부변수에 의한 자료 전달 방법은 프로그램의 규모와 복잡성을 증대시키기 때문에 함수 간 정보전달을 위해 일반적으로 인수 전달 방법을 선호하고 있다.

6.8.4 레지스터 변수 (Register variable)

레지스터 변수의 선언 형식은 다음과 같이 예약어 register를 이용한다.

(형식)

```
register 자료형 변수명;
```

(선언 예)

```
register int i;
register char ch;
```

레지스터 변수는 지금까지 언급한 auto, static, extern 변수의 기억 장소와는 달리 고속 접근(access)이 가능한 cpu내의 레지스터를 기억장소로 사용하기 때문에 연산 실행 속도를 향상시킬 수 있다. 일반적으로 레지스터는 컴퓨터 기종에 따라 다르지만 몇 개 정도로 한정되어 있으며 시스템이 갖고 있는 레지스터 개수가 프로그램에서 선언된 레지스터 변수 개수보다 적을 때는 메모리를 할당 받지 못하는 레지스터 변수가 발생하며 그 변수는 자동 변수처럼 사용된다. 다음 예를 살펴보자.

예 제 6-16 레지스터 변수

```
#include<stdio.h>
int main(void)
 {
   register int i;
   for( i=0; i<2000; ++i)
      printf("%d\n", i);
   return 0;
 }
```

(실행 결과)

```
        1
        2
       .
       .
       .
     1998
     1999
```

위 예에서 순환 제어 변수 i는 빈번하게 참조되기 때문에 이용 속도가 빠른 레지스터를 이용함으로서 연산의 고속화를 도모할 수 있게 된다. 레지스터 변수의 초기화, 유효범위, 기억 시간은 자동 변수와 동일하고 사용 가능한 자료형은 int, char, 포인터 등이며 변수에 대한 번지 참조는 불가능하다. 다시 한 번 기억 클래스에 따른 변수의 특성을 정리하면 표 6-1과 같다.

(표 6-1) 기억 클래스에 따른 변수의 특징

기억클래스	변 수	정의 장소	기억장소/수명	유효 범위
auto	자동 변수	함수 내부	스택/일시적	지역적
static	내부정적변수	함수 내부	정적영역/지속적	지역적
	외부정적변수	함수 외부	정적영역/지속적	전역적(정의된 파일 내)
extern	외부 변수	함수 외부	정적영역/지속적	전역적(모든 파일)
register	레지스터 변수	함수 내부	레지스터/일시적	지역적

예 제 6-17 기억클래스

```
#include<stdio.h>
int i;
int main(void)
 {
   void fun1(), fun2();
   int fun3(), i=1, j;
   fun1();
   fun2();
   for(j=0;j<=2;j++)
      printf("i=%d,fun3 i=%d\n",i,fun3(i));
  return 0;
```

```
  }

void fun1()
  {
    printf("fun1 i=%d\n",++i);
  }

void fun2()
  {
    int k=2;
    printf("fun2 i=%d k=%d\n",i,k);
  }

int fun3(k)
int k;
  {
    static int n=1;
    printf("%d\n",n+k+i++);
    return i;
  }
```

(실행 결과)

```
fun1 i=1
fun2 i=1 k=2
3
i=1, fun3 i=2
4
i=1, fun3 i=3
5
i=1, fun3 i=4
```

6.9 순환 함수(Recursion function)

실행루틴 중에 자신을 호출하는 함수를 순환 함수(recursive function)라 한다. 이러한 순환 함수는 복잡한 반복 구조를 간결하게 처리하는 진보된 제어 형태로서 수준 높은 프로그래밍에 대한 좋은 도구가 되고 있다.

예 제 6-18 직접 순환(direct recursion)

```
#include<stdio.h>
int main(void)
  {
    printf(" A New iteration\n");
    main();
    return 0;
  }
```

(실행 결과)

```
    A New iteration
    A New iteration
    A New iteration
        :
        :
        :
```

위 예제는 main()함수 내에서 또다시 main()함수를 호출하는 경우로 계속해서 “A New iteration"이란 문장을 출력한다. 강제적으로 중지시키지 않는 한 실행은 계속될 것이다.

다음은 순환 함수를 이용하여 정수 n에 대한 n!을 구하는 프로그램이다.

예제 6-19 factorial 계산

```
#include<stdio.h>
int main(void)
 {
   long fact(), n;
   scanf("%ld", &n);
   printf("%ld != %ld\n", n, fact(n));
   return 0;
 }
long fact(n)
long n;
 {
   if( n==0 )
      return(1);
   else
      return(n*fact(n-1));
 }
```

(실행 결과)

```
입력 자료  3
출력 자료  3! = 6
```

위 예제에 대한 실행 루틴을 분석하면 다음과 같다.

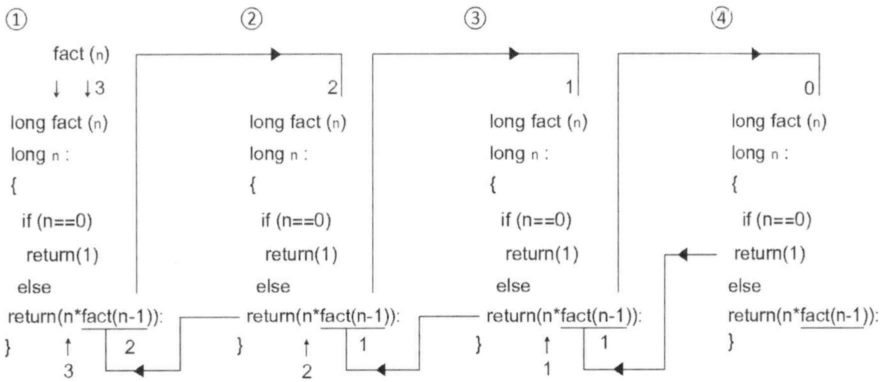

그림 6.2 3!의 순환 함수 분석

그림 6.2를 정리해 보면 표 6-2와 같다.

(표 6-2) 3!의 순환 호출

실행단계	피호출시 가인수 값	순환호출시 실인수 값	반환값
1	3	2	3*2*1*1
2	2	1	2*1*1
3	1	0	1*1
4	0	없음	1

다음의 또 다른 순환에 대한 예를 들어본다. 제시한 예제는 개행문자 이전까지의 입력문자 자료를 거꾸로 출력하는 프로그램이다.

예제 6-20 순환 함수 응용

```
#include<stdio.h>
int main(void)
 {
   void back_put();
   printf("Input string for backword put:");
   back_put();
   putchar('\n');
   return 0;
 }
void back_put()
 {
   char ch;
   ch = getchar();
   if(ch != '\n')
      back_put();
      putchar(ch);
 }
```

(실행 결과 1)

```
Input string for backword put: ab          <--- 입력
ba                                         <--- 출력
```

(실행 결과 2)

```
Input string for backword put: You will revive me.     <--- 입력
. em eviver lliw uoY                                   <--- 출력
```

실행 결과 1의 자료를 토대로 back_put()함수의 순환 호출에 대한 이해를 돕기 위하여 그림 6.3을 제시한다.

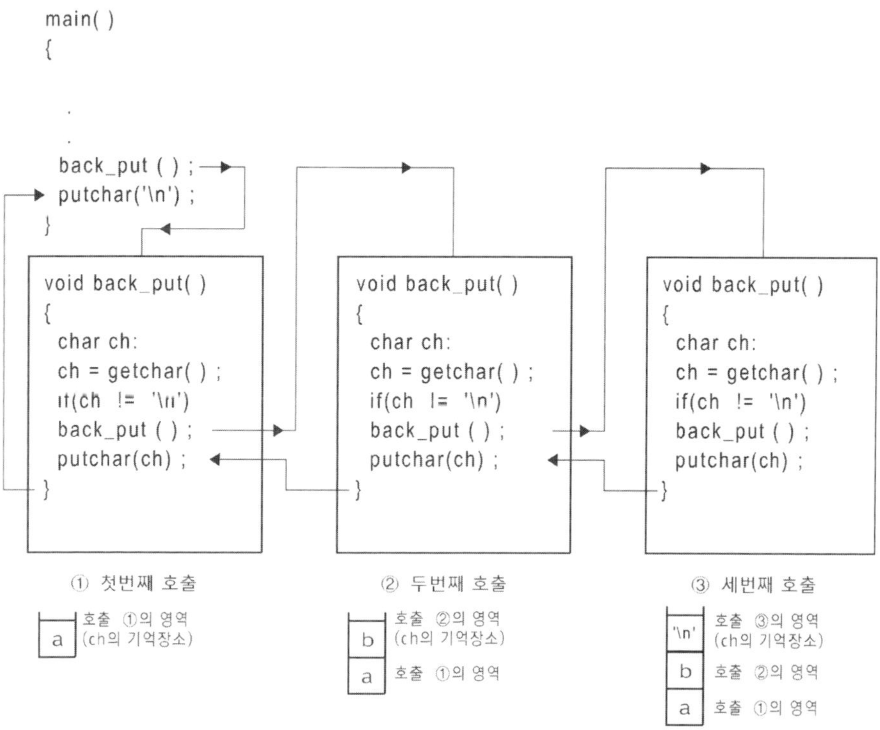

그림 6.3 back_put()의 순환 호출과 스택의 변화

그림 6.3에서 함수 back_put()가 순환 호출될 때마다 선언된 변수 ch는 지역 변수로서 컴파일러가 스택(stack)상에 기억장소를 할당한다. 세번째 back_put()함수의 호출시 개행 문자가 입력되므로 if문장의 조건식이 거짓이 되어 실행은 putchar(ch); 문장으로 옮겨져서 변수 ch의 자료값'\n'을 출력하고 제어는 세번째 함수의 호출 환경인 두번째 호출 환경으로 되돌려 진다. 두번째 호출 환경의 putchar(ch); 문장의 실행으로 문자 'a'가 출력되고 같은 순서로 호출 환경 ①의 ch변수의 값 'b'도 출력된다. 따라서 입력 문자들은 역순으로 출력되어진다.

연습문제

1. 다음 프로그램에서 잘못된 곳을 고치시오.

```
#include<stdio.h>
int main(void)
{
   char ch();
   printf("%c\n", ch('a'));
   printf("%lf\n", f(5.0));
   return 0;
}
char ch(c)
char c;
{
     return(c - 32);
}
double f(x)
double x;
{
     return( x * x * x)
}
```

2. 다음 프로그램의 실행 결과는 무엇인가?

```
#include<stdio.h>
int main(void)
{
```

```
  int k, dec(int);
  for( k = 1; k < 5; ++k)
  {
       dec(k);
       printf("Interesting - C");
       dec(5 - k);
       printf("\n");
  }
  return 0;
}

int dec(n)
int n;
{
  int i = 0;
  for( ; i++ < n ; )
     putchar('*');
  return 0;
}
```

3. 다음 프로그램은 $2\cos^2 x - \sin x - 1 = 0$ 을 풀기 위한 프로그램이다. 빈칸을 채워 완성하라.

```
#include <math.h>
 int main(void)
{
  int i;
  float x;
```

```
    for( i=0; i<=360; i++)
    {
        x = (                              )* i;
        if((2.0 * (cos(x) * cos(x)) - sin(x)) <= 1.0          + 0.0001 &&
                  (2.0 * (cos(x) * cos(x)) - sin(x)) >= 1.0 - 0.0001)
            printf("%d degree\n", i);
     }
     return 0;
}
```

4. 다음 프로그램의 실행 결과는 무엇인가?

```
#include<stdio.h>
int main(void)
{
                int x=3, y=5, swap(int,int);
                printf("x = %d y = %d\n", x, y);
                swap(x, y);
                printf("x = %d y = %d\n", x, y);
                return 0;
}
int swap(x, y)
int x, y;
{
                int temp;
                temp = x;
                x = y;
                y = temp;
```

```
            return 0;
    }
```

5. 다음 프로그램의 실행 결과와 그 이유를 설명하라.

(1)
```
#include<stdio.h>
int main(void)
{
        static int i=1;
        {
                auto int j=3;
                printf("%d %d\n", i, j);
        }
        printf("%d %d\n", i, j);
        return 0;
}
```

(2)
```
#include<stdio.h>
int main(void)
{
        int i;
        void jura();
        static int x=1;
        for( i=0; i<3; ++i)
        {
         printf("%d\n", ++x);
         jura();
        }
         return 0;
}
```

```
void jura()
{
                static int x=1;
                printf("%d\n", x++);
}
```

(3)
```
#include<stdio.h>
int main(void)
{
            int x, y, gcd(int,int);
            scanf("%d %d",  &x, &y);
            printf("%d\n", gcd(x, y));
            return 0;
}
int gcd(x, y)
int x, y;
{
int z;
if((z = x % y ) == 0)
return(y);
else
return(gcd(y, z));
}
```

6. 자산 P원을 n년동안 연리 r%로 저축 했을 때 즉 p, n, r를 인수로 받아 최종 지불 금액을 반환하도록 하는 함수를 pow()함수를 이용하여 구하라.

(참조) $(1+r)^n$ P

7. 두개의 정수 m과 n을 인수로 받아 다음 값을 반환하는 함수를 작성하라.

   (1) m과 n사이의 홀수의 갯수

   (2) m과 n사이의 짝수의 합과 평균

8. 임의 4개의 실수형 자료를 인수로 받아 최대값과 최소값을 제외한 나머지 2개의 자료의 평균을 반환하는 함수를 작성하시오.

9. 이차 방정식의 근을 구하는 함수를 작성하라.

   $a x^2 + b x + c = 0$

$$x = \frac{-b \pm (b^2 - 4ac)^{1/2}}{2a}$$

10. x가 double형 변수일 때 $0 \le x \le \frac{\pi}{2}$까지 sin(x), cos(x), tan(x)를 출력하는 프로그램을 작성하라.

11. 한 줄의 영문자료를 입력 받아 소문자는 대문자로 대문자는 소문자로 변환하는 함수를 작성하라.

12. 임의 홀수 정수 n을 인수로 받아 다음 식을 계산하는 함수를 작성하라.

    $1^2 - 2^2 + 3^2 - 4^2 + 5^2 - \ldots + n^2$

13. rand()함수는 난수를 발생하는 함수이다. 다음을 구하여라.

    (1) 정수 n을 인수로 받아 n개의 난수를 생성하여 1라인에 5개씩 출력하는 프로그램을 작성하라.

    (2) 출력한 난수 중 최대치와 최소치를 반환하는 함수를 작성하라.

14. 외부정적변수와 외부변수의 차이점은 무엇인가?

15. 변수의 유효범위에 대해 설명하라.

Chapter 7

배열과 포인터

C programming

배열이란 하나의 변수 명칭 하에 동질의 여러 데이터 항목들이 순서적으로 집합된 자료구조이다.

배열은 같은 데이터형의 요소(element)로 구성되며 순서를 나타내는 첨자(subscript)가 몇 개 붙는가에 따라 배열의 차원이 결정된다. 배열은 포인터(pointer)와 밀접한 관계가 있으며 배열과 포인터가 결합되어 사용되는 예는 포인터 설명시 언급하기로 한다.

7.1 일차원 배열(One dimensional array)

일차원 배열의 선언 형태는 다음과 같다.

(형식)

```
배열요소 표기 형식
            배열명[첨자];
배열 선언 형식
         기억부류 자료형 배열명[요소의 갯수];
```

(선언 예)

auto int n[20]; /*자동 변수는 기억부류 생략 가능 */

static char ch[50];

위 선언 예에서 배열 n은 정수형 자료 20개를 기억하는 연속 기억 공간에 대한 명칭이며 20개의 정수자료 집합 중에서 하나의 요소(element)는 첨자를 사용해서 참조한다.

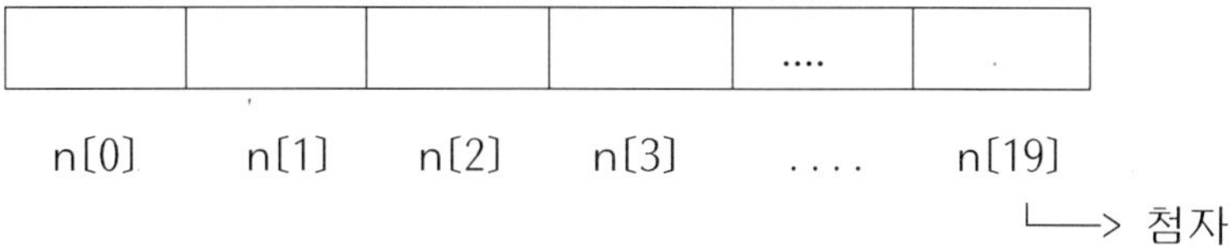

그림 7.1 1차원 배열 n의 기억 영역

즉, 배열변수 n의 3번째 요소는 n[3]으로 표현하여 참조한다. 일반적으로 배열 요소에 대한 첨자의 하한(lower bound)과 상한(upper bound)은 0부터 (요소의 개수-1)까지이며 첨자는 반드시 양수 값을 갖는 정수형 변수나 상수, 정수형 수식이어야 한다. 배열의 초기화는 정적 배열변수와 외부 배열변수에 한해서 가능하다.

초기화의 형식은 다음과 같다.

(형식)

```
기억부류 자료형 배열명[요소의 갯수] = {초기치 리스트};
기억부류 자료형 배열명[ ] = {초기치 리스트};
```

(초기화 예)

```
static int  n[5] = {1, 2, -3, 4};
static char ch[4] = {'A', 'B', 'C', 'D'};
static int  x[] = {50, 60, 70, 80};
static int  x[4] = {50, 60, 70, 80};
```

앞에서 선언문

static int x[] = {50,60,70,80};

에 의해서 정수형 자료 4개가 들어갈 기억 공간을 확보한 후 다음과 같이 초기화된다.

50	60	70	80
x[0]	x[1]	x[2]	x[3]

배열 요소의 개수를 의미하는 배열 크기가 생략된 경우는 초기자의 개수로 배열 크기가 정해진다. 초기자의 개수가 배열의 크기보다 작으면 남은 요소는 0(수치자료인 경우)으로 초기화 되고 반대로 배열 크기가 초기자의 개수보다 작으면 시스템에 따라 오류가 발생한다. 따라서 배열 n의 요소 n[4]의 경우는 초기자가 없으므로 자동적으로 0으로 초기화된다.

예 제 7-1 배열의 초기화와 초기화 하지 않은 경우

```
#include<stdio.h>
int main(void)
 {
   static float x[2] = {1.0, 2.0};
   static int n[2];
   printf("%f  %f\n", x[0], x[1]);
   printf("%d  %d\n", n[0], n[1]);
   return 0;
 }
```

(실행 결과)

```
1.000000  2.000000
0  0
```

예 제 7-2 일차원 배열의 사용

```
#include<stdio.h>
int main(void)
 {
   int i, sum=0;
   int n[10];
   for (i=0; i<10; i++)
   {
      n[i] = sum += i;
      printf("n[%d] = %d\n", i, n[i]);
   }
   return 0;
 }
```

(실행 결과)

```
n[0] = 0
n[1] = 1
n[2] = 3
n[3] = 6
n[4] = 10
n[5] = 15
n[6] = 21
n[7] = 28
n[8] = 36
n[9] = 45
```

예제 7-3 일차원 배열의 초기화

```
#include<stdio.h>
int main(void)
 {
   int i;
   static char ch[]={'c','o','m','p','u','t','e','r','\0'};
   static char ch1[]="vision";
   for(i=0; i<9; ++i)
       printf("%c", ch[i]);
       for(i=0; i<6; ++i)
           printf("%c", ch1[i]);
  return 0;
 }
```

(실행 결과)

```
computer vision
```

7.2 다차원 배열(Multi-dimensional array)

다차원 배열이란 배열들의 배열을 말하며 2차원 이상의 배열이 이에 속한다. 다차원 배열의 표기법과 선언 형태는 다음과 같다.

(형식)

```
배열요소 표기법
        배열명[첨자1][첨자2]...[첨자n]
배열 선언
        기억부류 자료형 배열명[요소갯수1][요소갯수2]...[요소갯수n]
```

(선언 예)

```
double m[2][3]; /* 2차원 배열 */
int  k[2][3][4]; /* 3차원 배열 */
```

m[0][0]	m[0][1]	m[0][2]	m[1][0]	m[1][1]	m[1][2]
m[0]행			m[1]행		

위 예에서 배열 m은 2 × 3의 요소를 갖으며 배열 k는 2 × 3 × 4개의 요소를 갖는다. 2차원 배열 m은 연속된 기억 공간에 행(row)중심으로 다음과 같이 기억 공간을 할당 받는다.

이는 2행(row), 3열(column)의 2차원 구조로 생각하면 편리하다.

→ 열 (column)

↓ 행 (row)				
	m[0]행	m[0][0]	m[0][1]	m[0][2]
	m[1]행	m[1][0]	m[1][1]	m[1][2]

그림 7.2 2차원 배열의 구조

즉, 3개의 열 요소를 갖는 1차원 배열 2개 m[0]과 m[1]로 구성된다고 말할 수 있다.

3차원 배열 k의 첨자는 면(plane), 행(row), 열(column)을 가리키며 연속된 기억공간에 먼저 면 중심으로 기억되고 난 후 행 중심으로 기억된다.

다음은 배열 k가 연속 기억공간에 저장되는 구조를 나타낸 것이다.

k[0][0][0]	k[0][0][1]	k[0][0][2]	k[0][0][3]	.....	k[1][2][2]	k[1][2][3]

위의 공간 배열 k를 2개의 면을 분리하여 표시하면 다음과 같다.

→열 (column)

↓ 행 (row)				
	m[0][0][0]	m[0][0][1]	m[0][0][2]	m[0][0][3]
	m[0][1][0]	m[0][1][1]	m[0][1][2]	m[0][1][3]
	m[0][2][0]	m[0][2][1]	m[0][2][2]	m[0][2][3]

k[0][ ][ ]면

→열 (column)

↓ 행 (row)				
	m[1][0][0]	m[1][0][1]	m[1][0][2]	m[1][0][3]
	m[1][1][0]	m[1][1][1]	m[1][1][2]	m[1][1][3]
	m[1][2][0]	m[1][2][1]	m[1][2][2]	m[1][2][3]

k[1][ ][ ]면

그림 7.3 3차원 배열의 구조

다차원 배열의 초기화는 일차원 배열을 초기화 하는 것과 같이 정적, 외부배열일 때만 가능하고 초기자가 할당되지 않는 원소는 0으로 초기화되며 초기자의 개수가 배열의 요소 수 보다 많으면 컴파일 에러가 발생한다.

기술되는 초기자는 요소들이 기억장소에 저장되는 순으로 나열하되 면과 행은 괄호 { }로 구분할 수 있지만 이것은 선택적이다. 예로서 2차원 배열 m은 다음과 같이 선언과 동시에 초기화 시킬 수 있다.

static int m[2][3]={{1, 2, 3}, {4, 5, 6}};

또는

static int m[2][3]={1, 2, 3, 4, 5, 6};

m[0][0]	m[0][1]	m[0][2]
1	2	3
4	5	6
m[1][0]	m[1][1]	m[1][2]

그림 7.4 2차원 m배열의 초기화

다음은 초기화 값의 갯수가 배열 요소수 보다 작은 경우이다.

static int a[2][3]={{1, 2}, {3, 4}};

static int b[2][3]={1, 2, 3, 4};

1	2	0
3	4	0

배열 a의 초기화

1	2	3
4	0	0

배열 b의 초기화

그림 7.5 배열의 초기화

예제 7-4 2차원 배열

```
/* 각 요소의 값을 두배로 변환 */
 #include <stdio.h>
 int main(void)
  {
    static  int m[3][4]={{1,2,3,4},{5,6,7,8},{9,10,11,12}};
    int  i, j;
    for(i=0; i<3; ++i){
       for(j=0; j<4; ++j){
```

```
            m[i][j] = m[i][j] * 2;
            printf("%3d",m[i][j]);
          }
      putchar('\n');
      }
      return 0;
  }
```

(실행 결과)

```
  2  4  6  8
 10 12 14 16
 18 20 22 24
```

예 제 7-5 3차원 배열

```
/* 면 단위로 각 요소의 값을 합산 */
 #include<stdio.h>
 int main(void)
  {
     static  int  k[2][3][4] = {{{1,2,3,4},
             {5,6,7,8},{9,10,11,12}},{{20,21,22,23},
             {24,25,26,27},{28,29,30,31}}};
     int  i, j, h, sum = 0;
     for(i=0; i<2; i++){
        printf("\n\n %d plane \n\n",i);
            for(j=0; j<3; j++){
                for(h=0; h<4; h++){
                    sum += k[i][j][h];
                    printf("%3d", k[i][j][h]);}
```

```
                printf(" ---> col sum = %d\n", sum);
                sum = 0;
            }
        }
    return 0;
}
```

(실행 결과)

```
0 plane

 1  2  3  4 ---> col sum = 10
 5  6  7  8 ---> col sum = 26
 9 10 11 12 ---> col sum = 42

1 plane

20 21 22 23 ---> col sum = 86
24 25 26 27 ---> col sum = 102
28 29 30 31 ---> col sum = 118
```

7.3 포인터(Pointer)

C언어가 다른 언어보다 우수한 언어로 평가되는 이유 중의 하나가 포인터의 사용에 있다. 포인터를 함수의 인수 리스트에 사용함으로서 함수 간 자료 전달의 유연성이 증대되며 배열 자료나 복잡한 데이터 구조를 효과적으로 처리할 수 있게 된다. 또한 C에서 제공하는 포인터를 적절하게 사용할 경우 프로그램 규모를 줄일 수 있고 분석도 쉽게 되어 효율적인 프로그램을 작성할 수 있게 된다.

본 절에서는 포인터 개념과 포인터 선언 그리고 포인터와 배열간의 관계성에 대해서 설명하고자 한다.

7.3.1 포인터의 개념

포인터는 실제의 정보나 데이터를 기억하고 있는 일반적인 변수와는 달리 다른 기억장소의 데이터를 참조하기 위하여 사용하는 특별한 변수이다.

포인터는 자료가 저장된 다른 변수의 주소(address)를 자료값으로 가지므로 주소에 의해서 지시되는 객체(object)를 간접적으로 접근할 수 있다. 가령 주기억 장치의 기억장소 1100번지를 자료값 12를 갖는 정수형 변수 x가 사용하고 기억장소 1001번지를 사용하는 포인터 변수 p가 변수 x를 가리키고 있는 경우를 도시해 보면 다음과 같다.

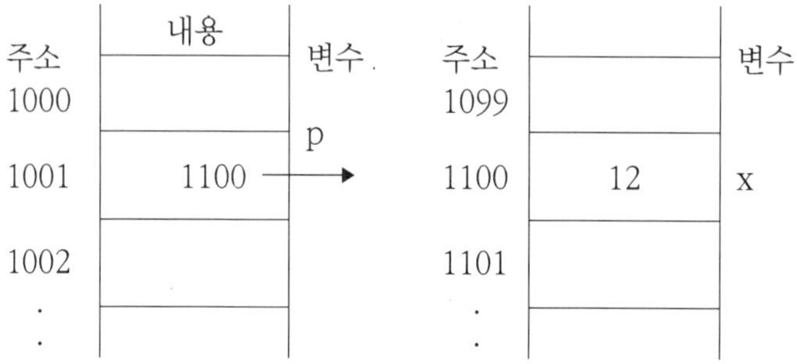

그림 7.6 포인터 변수 p가 변수 x를 포인터 하는 경우

7.3.2 포인터 변수의 선언

포인터 변수를 어떤 프로그램 내에서 사용하려면 다른 변수와 같이 프로그램에서 그 변수를 선언해 주어야 한다.

포인터 변수의 선언 형태는 다음과 같다.

(형식)

```
자료형    *변수명;
```

위 형식에서 자료형 다음에 변수명 앞에 붙은 '*'는 기술된 변수가 포인터 변수임을 표시해 주는 기호이며, 자료형은 포인터 변수가 가리키고자 하는 영역의 데이터 유형을 나타내준다.

다음은 포인터 변수의 선언 예이다.

```
int     *pi;
double  *pd;
char    **ph;
```

앞의 선언 예에서 선언문 int *pi;는 int형 데이터를 가리키는 포인터 변수 pi를 선언한 것이며 double *pd;는 double형 데이터를 가리키는 포인터 변수 pd를 선언한 것이다.

세 번째 선언문 char **ph;는 문자형 데이터를 가리키는 포인터변수를 다시 가리키는 포인터 변수 ph를 선언한 문장이다.

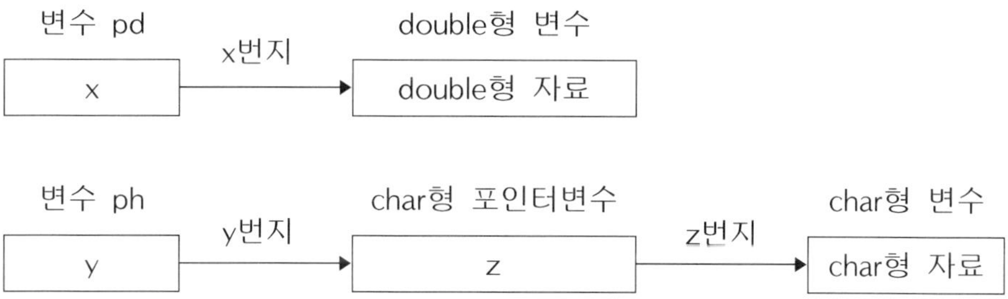

여기서, x : double형 변수의 주소값
y : char형 포인터 변수의 주소값
z ˙ char형 변수이 주소값

그림 7.7 포인터 변수의 참조

예로서 포인터변수 pd는 주소값을 갖는데 그 주소가 지시하는 기억장소에는 double형 수치자료가 있어야 한다. 반면에 포인터 변수 ph가 가지는 주소값이 지시하는 기억장소는 문자형 자료를 포인터 하는 주소값을 갖는다.

7.3.3 포인터 변수의 연산자

(1) 주소 연산자(Address Operator)

주소 연산자 '&'는 변수가 위치한 메모리 영역의 주소를 추출하기 위해 사용된다. 앞서 설명한 포인터 변수에 주소 연산자를 이용하여 값을 지정하는 예를 들어본다.

```
int i, *pi, **ppi;
i = 12;
pi = &i;
ppi = &pi;
```

위에서 정수형 데이터를 가리키도록 선언된 변수 pi에 정수형 변수 i의 주소를 대입하므로서 포인터 변수 pi가 변수 i를 가리키게 된다.

메모리 주소	12500		13000	13004	
기억내용	12	....	12500	13000	....
변 수 명	i		pi	ppi	

그림 7.8 포인터 변수의 참조 관계

포인터 변수 ppi는 int형 데이터를 가리키는 포인터의 주소만을 값으로 가질 수 있다. 예로서 int형 포인터 변수 pi의 주소를 ppi에 대입하여 ppi가 pi를 가리키도록 하고 있다.

'&'연산자는 단항 연산자로서 이항 연산자보다 높은 우선순위를 갖으며 오른쪽에서 왼쪽으로의 결합 순서를 가진다.

&연산자의 피연산항에 변수는 가능하지만 상수나 수식의 사용은 불가능하며 레지스터형 변수나 배열이름 앞에도 &연산자를 사용할 수 없다. 배열의 경우는 배열 이름이 고정된 주소를 나타내는 상수이기 때문이다.

다음은 잘못된 &연산자 사용

```
int a[5];
&(-27)      /* 피연산항이 상수임 */
&'A'        /* 피연산항이 상수임 */
&(i*2)      /* 피연산항이 수식임 */
&&i         /* &i는 상수임 */
&a          /* 피연산항이 배열명임 */
```

예제 7-6 &연산자의 사용 예

```
#include<stdio.h>
int main(void)
 {
   int i = 12, *pi, *pj;
   pi = &i;
   pj = (int*) 1234;
   printf(" i = %d\n", i);
   printf(" pi = %u\n pj = %u\n &i = %u\n", pi, pj, &i);
   return 0;
 }
```

(실행 결과)

```
i = 12
pi = 65494
pj = 1234
&i = 65494
```

예제 7-6에서 번지 연산자 '&'는 주소 값을 반환하기 때문에 주소를 출력시키기 위해서 부호 없는 정수형 변환 형식 %u를 사용하였다.

대입문

```
pj = (int*)1234;
```

는 포인터변수 pj에 직접 주소값을 대입하는 경우로서 정수상수 1234를 직접 주소로 활용할 수 없기 때문에 int형 포인터변수가 가질 수 있는 형태로 (int*)를 이용하여 cast시키므로 자료형을 변환하였다.

(2) 간접 연산자(Indirection operator)

일반적으로 포인터 변수가 갖는 값은 주소이지만 그 주소의 장소에 존재한 자료가 더 중요한 의미를 가질 수 있다. 간접 연산자 '*'는 포인터 변수가 가리키는 곳의 내용을 추출하기 위해 사용된다. 다음은 간접 연산자의 사용 예다.

```
int i, j, *pi;
i = 24;
pi = &i;
j = *pi;
```

위의 대입문

```
j  = *pi;
```

에서 *pi는 포인터 변수 pi가 가리키고 있는 변수 i값을 추출하는 역할을 하므로 변수 j에 24의 값을 대입하게 된다. 다음의 대입문장

```
pi = &i;
j = *pi;
```

은 실제적으로 j = *&i;와 같이 나타낼 수 있는데 좌측의 &i가 i의 주소이므로 *(&i)는 변수 i의 주소에 있는 값을 추출하는 것으로서 j = i;의 의미를 갖

는다. 그러나 j = *pi;의 경우는 포인터 변수 pi의 값을 참조하여 간접적인 방법으로 변수 i의 값을 변수 j에 대입하지만 j = i;의 경우는 i의 값을 변수 j에 직접 대입하게 된다.

간접 연산자 *는 주소연산자 &과 같이 단항 연산자이며 오른쪽에서 왼쪽으로의 결합성을 갖는다. 간접 연산자 *는 대입 연산자 왼쪽(left-hand-side)부분에서도 사용이 가능하며 ++, -- 연산자와 결합하여 사용할 수 있다.

다음에 그 예를 보인다.

```
int i, j, *pi;
pi = &i;
*pi = 10;
*pi += 10;
j = ++*pi;
j = i / *pi++;
```

위에서 *pi = 10;은 변수 pi가 변수 i를 가리키므로 i에 10의 값을 배정하고 *pi += 10;은 변수 i의 값에 10을 증가시킨다. j= ++*pi;의 경우 ++연산자와 *연산자의 우선순위가 같고 오른쪽에서 왼쪽으로의 결합성을 가지므로 ++(*pi)로 계산되어 *pi의 값을 증가시킨다.

문장

```
j = i / *pi++;
```

의 경우

```
j = i / *(pi++)
```

로 처리되기 때문에

```
j = i / *pi ;
pi++;
```

순으로 처리된다. 위 식에서 주의 할 것은 *연산자와 /연산자를 붙여 사용하지 않도록 해야한다. 만일 붙여 사용할 경우에는 컴파일러가 /*(코멘트의 시작)으로 인식하여 오류로 처리하게 된다.

예 제 7-7 간접 연산자 사용

```
#include<stdio.h>
int main(void)
 {
   int i, j=7, *p=&i, *q;
   i = 3;
   q = &j;
   j += *q -= *p;
   printf("%d   %d   %d\n", i, j, *q);
   printf("%d   %d   %d\n", q != &i, *p + *q, **&q);
   printf("%d   %d\n", i + *p / *q, +++p + *q++);
   return 0;
 }
```

(실행 결과)

```
3   8   8
1   11   8
0   12
```

7.3.4 포인터와 함수

우리는 함수와 함수간의 자료 전달 방법으로서 실인수가 가인수에 값을 전달하는 call-by-value 기법을 이용한 바 있다. 본 절에서는 포인터 변수를 함수의 인수에 사용함으로서 함수 호출 환경의 변수 값을 어떻게 변경시킬 수 있는지에 대해서 설명하기로 한다. 다음 예제를 살펴본다.

예 제 7-8 주소전달에 의한 자료처리

```
#include<stdio.h>
int main(void)
 {
    void swap(int*, int*);
    int i=4, j=8;
    printf(" i = %d  j = %d\n", i, j);
    swap(&i, &j);
    printf(" i = %d  j = %d\n", i, j);
    return 0;
 }
void swap(pi, pj)
int *pi, *pj;
 {
    int temp;
    temp - *pi;
    *pi = *pj;
    *pj = temp;
 }
```

(실행 결과)

```
      i = 4  j = 8
      i = 8  j = 4
```

위 프로그램을 분석하면 swap()함수 호출에 의해서 main()함수에서 swap()함수로 실행이 옮겨진다. 가인수 pi와 pj는 int형 포인터 변수로서 실인수 &i와 &j에 대응된다. 따라서 swap()함수 호출시 실인수 i와 j의 주소값이 가인수 pi와 pj에 전달된다.

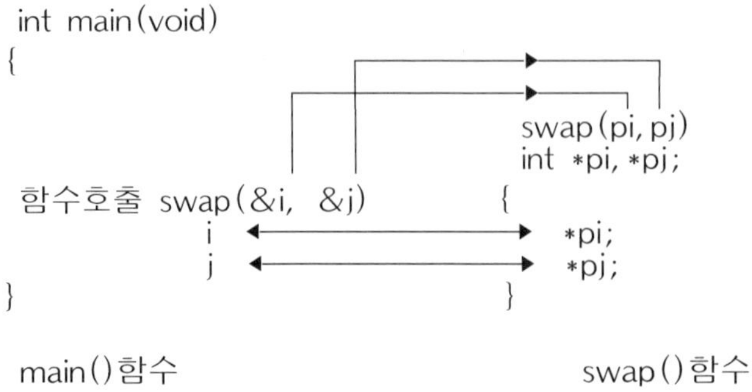

그림 7.9 자료 전달 관계

swap()함수의 문장

```
temp = *pi;
*pi = *pj;
*pj = temp;
```

은 main()함수에 있는 변수 i의 값과 변수 j의 값을 서로 교체하는 기능을 수행하게 된다. 포인터 변수 pi와 pj가 가리키는 장소의 값 즉, *pi와 *pj에 대한 작업은 main()함수의 변수 i와 j에 대한 작업으로 swap()함수에서 main()함수의 자료값을 간접적으로 처리하는 결과를 얻는다.

예 제 7-9 함수의 인수로 주소를 사용

```
#include <stdio.h>
int main(void)
 {
   void  pfun(int *, int *, int *);
   int ch, nc=0, nl=0;
   while(( ch = getchar()) != EOF)
   pfun(&ch, &nc, &nl);
   printf(" nc = %d\n nl = %d\n", nc, nl);
```

```
    return 0;
  }

void pfun(pch, pnc, pnl)
int *pch, *pnc, *pnl;
  {
    if(*pch >= 'a' && *pch <= 'z')
    {
       putchar(*pch - 32);
       ++*pnc;
    }
    else
    {
       putchar(*pch);
       ++*pnc;
    }
    if(*pch == '\n')
    {
       putchar(*pch);
       ++*pnl;
    }
  }
```

(실행 방법)

위 예제의 프로그램 명칭을 test7-9.c라 하고, 실행 파일명을 a.out으로 정할 때 다음과 같은 명령행으로 실행한다.

```
a.out < test7-9.c >test7-9.out
```

(실행 결과)

test7-9.out 파일의 내용은 다음과 같다.

```
#INCLUDE <STDIO.H>
 INT MAIN(VOID)
  {
     INT CH, NC=0, N1=0;
     WHILE((CH=GETCHAR()) != EOF)
     PFUN(&CH, &NC, &N1);
     PRINTF("NC = %D\N N1 = %D\N", NC, N1);
     RETUTN 0;
  }
     VOID PFUN(PCH, PNC, PN1)
     INT *PCH, *PNC, *PN1;
     {
        IF(*PCH>='A' && *PCH<='Z')
        {
           PUTCHAR(*PCH - 32);
           ++*PNC;
        }
        ELSE
        {
           PUTCHAR(*PCH);
           ++*PNC;
        }
        IF(*PCH == '\N')
        {
           PUTCHAR(*PCH);
           ++*PN1;
        }
     }

nc = 551
n1 = 29
```

7.3.5 1차원 배열과 포인터

배열과 포인터는 서로 밀접한 관계를 가지고 있다. 배열 명칭 자체가 배열이 사용하는 연속 기억공간의 시작 주소를 가리키는 포인터로 사용된다. 따라서 배열명은 주소가 정해진 상수 포인터라고 할 수 있다.

다음과 같이 1차원 배열이 선언된 경우를 가정해 보자.

```
static int x[5] = {10,20,30,40,50};
```

번 지	100	104	108	112	116
기억된 값	10	20	30	40	50
배열 요소	x[0]	x[1]	x[2]	x[3]	x[4]
	↑	↑	↑	↑	↑
	x	x+1	x+2	x+3	x+4
	&x[0]	&x[1]	&x[2]	&x[3]	&x[4]

그림 7.10 1차원 배열명과 포인터

x의 시작 주소(base address)는 첫 번째 요소 x[0]이 있는 100번지가 되며 배열명 x나 첫 번째 요소의 주소를 의미하는 &x[0]도 시작 주소를 가리킨다. C언어에서 []는 다른 언어에서와 같이 배열 원소를 나타낼 때 사용하는 단순한 기호가 아니라 []의 왼쪽과 []안에 피연산자를 필요로 하는 이진 연산자다. 연산자 []의 우선순위는 (), ->, .과 같은 순위며 왼쪽에서 오른쪽으로 결합된다. x[i]의 의미는 배열명이 가리키는 x로 부터 i개의 원소만큼 떨어진 위치 x+i에 있는 요소를 말하며 i[x]로 표현할 수도 있다.

따라서, 첨자가 i인 i번째 배열 요소 x[i]의 위치를 나타내는 표현식은 배열명 x를 이용하여 x+i로 나타낼 수 있다.

즉,

```
&x[i] == x + I
```

이 된다. 앞서의 표현식 x + i는 x로 부터 i개의 배열요소 만큼 떨어진 곳을 나타내는 것으로서 단순한 더하기 수식으로 이해하면 곤란하다. 또한 간접 연산자 *에 의해 i번째 배열 요소를 다음과 같이 참조할 수 있다.

*(x+i) == x[i] == *&x[i]

배열명을 이용하여 1차원 배열요소의 합을 구하는 다음예제를 검토해 보자.

예 제 7-10 배열명을 포인터 상수로 이용

```
#include<stdio.h>
int main(void)
 {
   static int x[5] = {10,20,30,40,50};
   int sum=0, i;
   for(i=0; i<5; i++)
      sum += *(x+i);
      printf("sum = %d\n", sum);
   return 0;
 }
```

(실행결과)

```
sum = 150
```

위 예제에서 문장

sum += *(x+i);

은

sum += x[i];

나

sum += *&x[i];

와 동등한 표현 문장이다.

다음은 포인터 변수에 배열명을 초기치로 할당한 경우이다.

```
static int x[5] = {10,20,30,40,50};
int *p = &x;     /*  *p = &x[0];  */
```

포인터 변수 p는 배열 x의 선두 번지를 할당 받았으므로 표현식 p+i로서 i번째 요소의 주소 참조가 가능하다.

```
p+i == x+i == &x[i]
```

또한 위식에 간접연산자를 사용하여 각 배열 요소를 참조해 보면 다음과 같다.

```
*(p+i) == *(x+i) == *&x[i] == x[i]
```

예로서 두번째 요소에 대한 표현식은

```
*(p+2) == *(x+2) == *&x[2] == x[2]
```

로 된다.

예제 7-11 포인터 변수와 배열명과의 호환성

```
#include<stdio.h>
int main(void)
 {
   static int x[5] = {10,20,30,40,50};
   int *p = &x[0], i, sum = 0;
   for(i=0; i<5; i++)
   {
      sum += *(p+i);
      printf("x[%d] = %3d\n",i, *(p+i));
   }
   printf("sum = %d\n", sum);
   return 0;
 }
```

(실행 결과)

```
x[0] = 10
x[1] = 20
x[2] = 30
x[3] = 40
x[4] = 50
sum = 150
```

7.3.6 다차원 배열과 포인터

다차원 배열의 각 요소들은 C언어에 있어서는 주기억 장치에 행우선 방식으로 할당된다. 다음 2차원 배열의 경우

```
int m[2][3];
```

그림 7.11과 같이 첫 번째 행이 먼저 기억되고 난 다음 두 번째 행이 기억된다.

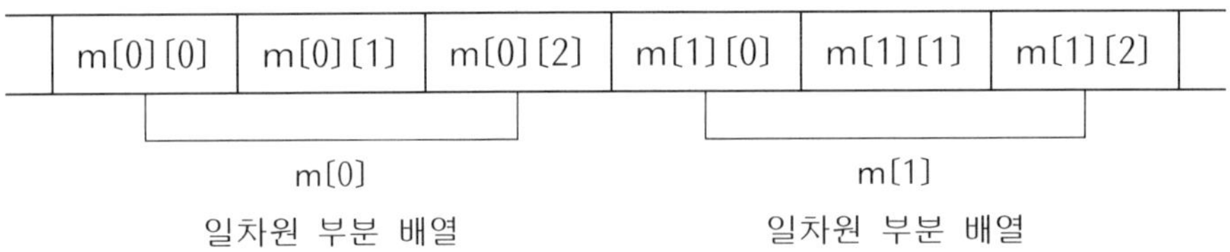

그림 7.11 다차원 배열의 부분 배열

그림 7.11에서 살펴보면 2차원 배열 m의 각 행은 요소를 3개씩 갖는 1차원 배열이다. 즉, m[0][0], m[0][1], m[0][2] 는 첫 번째 일차원 부분 배열 m[0]에 속한 것이며 m[1][0], m[1][1], m[1][2] 는 두 번째 일차원 부분 배열 m[1]에 속한 배열 요소로서 m[0]와 m[1]은 1차원 배열명이 되어 그림 7.12에서 나타낸 바와 같이 상수 포인터로 사용될 수 있다.

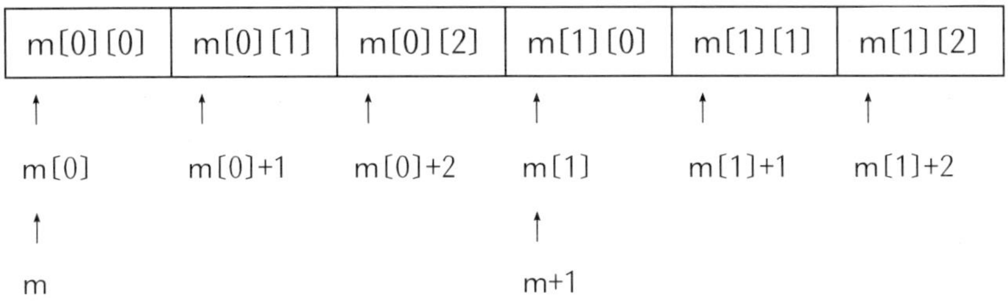

그림 7.12 다차원 배열의 포인터

따라서

m[0] == &m[0][0]

m[1] == &m[1][0]

의 관계를 갖는다.

m[0]+i는 일차원 배열명이 가리키는 m[0][0]으로 부터 i개의 배열 요소 만큼 떨어져 있는 요소를 가리키는 포인터 식으로서 구체적으로 일차원 배열명 m[]으로 m[][i]번째 요소를 참조하면 다음과 같이 나타낼 수 있다.

m[0] == &m[0][0]

m[0]+1 == &m[0][1]

m[0]+2 == &m[0][2]

m[1] == &m[1][0]

m[1]+1 == &m[1][1]

m[1]+2 == &m[1][2]

또한 이차원 배열명 m은 첫 번째 일차원 배열이름 m[0]을 가리키는 포인터의 포인터 역할을 한다. m[0]은 m[0][0]을 가리키고 m은 m[0]을 가리키므로 다음 관계식이 성립된다.

m == m[0] == & m[0][0] (a)

m+1 == m[1] == & m[1][0] (b)

위 식에서 m+1은 m[1]의 값이 되며 이것은 m[1][0]의 주소와도 같다. 또한 (a)식에서 m == m[0]이므로 *m == m[0][0]의 관계로 해석하지 않아야 하는데 그 이유는 m이 가리키는 것은 m[0]이지 m[0][0]이 아니며, m이 m[0]가 가리키는 m[0][0]의 주소값 &m[0][0]을 갖고 있기 때문에 m == m[0]의 관계식으로 나타낸 것이다. 원칙적으로 m으로 m[0][0]을 가리키려면 우선 m으로 m[0]을 가리키게 하고 그 다음에 m[0]가 m[0][0]을 가리키도록 해야 한다.

즉, 다음관계식으로 나타낼 수 있다.

*m == m[0]

*m+1 == m[1]

**m == *m[0] == m[0][0]

**(m+1) == *m[1] == m[1][0]

예 제 7-12 2차원 배열 포인터 사용

```
#include<stdio.h>
int main(void)
 {
   static int m[3][4] = {1,2,3,4,5,6,7,8,9,10,11,12};
   int i, j;
   for( i=0; i<3; ++i)
   {
      for( j=0; j<4; ++j)
         printf("%3d",*(m[i]+j)); /* 요소 출력 */
         printf("\n");
   }
   return 0;
 }
```

(실행 결과)

```
 1  2  3  4
 5  6  7  8
 9 10 11 12
```

위 예에서 요소를 출력시키는 문장을 다음과 같은 문장으로 바꾸어서 실행시켜 보자.

```
printf("%3d", *(*(m + i) + j))
```

3차원 배열의 경우로 2차원 배열의 경우와 같은 방식으로 포인터 상수를 적용하면 되는데 2차원배열에 비해 3차원 배열은 포인터 레벨층을 하나 더 많이 갖는다.

그림 7.13과 같은 3차원 배열 k에 대해서 살펴보자.

```
int k[2][3][2];
```

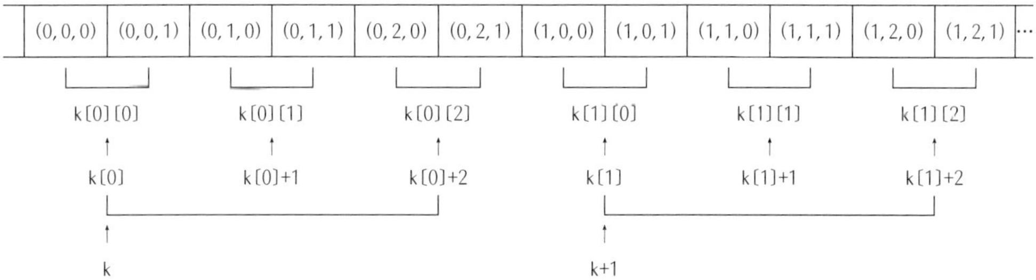

그림 7.13 3차원 배열의 경우 포인터 표현

3차원 배열 k의 포인터 상수에 대한 관계식은 다음과 같다.

```
k == k[0] == k[0][0] == &k[0][0][0]
***k == **k[0] == *k[0][0] == k[0][0][0]

k[0][j]+i == &k[0][j][i]
*(k[0][j]+i) == k[0][j][i]

k[0]+i == &k[0][i]
*(k[0]+i) == k[0][i]
**(k[0]+i) == k[0][i][0]
*(*(k[0]+i)+j) == k[0][i][j]
```

k+i == &k[i]

*(k+i) == k[i]

**(k+i) == k[i][0]

***(k+i) == k[i][0][0]

((*(k+i)+j)+h) == k[i][j][h]

예 제 7-13 3차원 배열의 포인터 사용

```
#include<stdio.h>
int main(void)
 {
   static int k[2][3][2] = {{{1,2},{3,4},{5,6}},
                            {{7,8},{9,10},{11,12}}};
   int i, j, h;
   for(i=0; i<2; i++)
   {
      printf("\n\n %d plane\n\n", i);
      for(j=0; j<3; j++)
      {
         for(h=0; h<2; h++)
            printf("%3d", *(*(*(k+i)+j)+h));
            printf("\n");
      }
   }
   printf("\n\nk = %u, k[0] = %u, k[0][0] = %u,
             &k[0][0][0] = %u\n", k,k[0], k[0][0], &k[0][0][0]);
   printf("***k = %d, **k[0] = %d, *k[0][0] = %d, k[0][0][0]\n",
             ***k,**k[0],*k[0][0], k[0][0][0]);
   printf("*(k[0]+2) = %u, k[0][2] = %u, &k[0][2][0] = %u\n",
             *(k[0]+2),k[0][2], &k[0][2][0]);
   return 0;
 }
```

(실행 결과)

```
 0 plane

  1  2
  3  4
  5  6

 1 plane

  7  8
  9 10
 11 12

k = 404, k[0] = 404, k[0][0] = 404, &k[0][0][0]
***k = 1, **k[0] = 1, *k[0][0] = 1, k[0][0][0]
*(k[0]+2) = 412, k[0][2] = 412, &k[0][2][0] = 412
```

7.3.7 함수 간 배열 전달

한 함수에서 선언된 배열을 다른 함수에서 이용하기 위하여 배열명을 인수로 사용하게 된다. 따라서 배열의 원소 자체가 전달되지 않고 배열의 주소가 전달된다. 예로서 1차원 배열을 함수에 전달하여 각 요소의 제곱을 합산하는 문제를 살펴보자.

예제 7-14 1차원 배열을 함수에 전달

```
#include<stdio.h>
int main(void)
 {
   int sum(int *, int);
   static int x[5] = {1,2,3,4,5};
   printf("sum = %d\n", sum(x,5));
```

```
    return 0;
  }

int sum(a, n)
int *a, n;
  {
    int i, s=0;
    for(i=0; i<n; i++)
        s += *(a+i) * *(a+i);
        return(s);
  }
```

(실행 결과)

```
sum = 55
```

main()에서 sum()를 호출시 실인수로서 일차원 배열의 시작 주소를 의미하는 x번지와 배열의 갯수 5가 sum()함수의 가인수로 사용되는 포인터변수 a와 정수변수 n에 전달된다.

main()함수의 1차원 배열요소 x[0], x[1], x[2], ...는 sum()함수에서 가인수 a를 이용하여 *(a+0), *(a+1), *(a+2), ...로 참조할 수 있다.

sum()함수 에서 가인수 정의문 int *a; 는 int a[];로 대체할 수 있으며 다음 대입문장

```
s += *(a+i) * *(a+i);
```

도 역시

```
s += a[i] * a[i];
```

로 대체 할 수 있다.

```
sum(a, n)
int a[], n;
{
    int i, s=0;
    for(i = 0; i < n; i++)
        s += a[i] * a[i];
        return(s);
}
```

위 문장의 int a[];에서 []는 배열을 선언하는 것이 아니라 포인터 변수 a에 연산자 []를 사용한 것으로 a[]는 상수 포인터가 아니다.

따라서 대입문

```
s += a[i] * a[i];
```

은

```
s += *a * *a++;
```

로 대체할 수 있다. main()함수에서 sum()함수 호출시 실인수를 다음과 같이 바꾸었을 때 그 결과에 대한 확인은 연습문제로 남긴다.

```
sum(x, 4)
sum(x+1, 2)
sum(x[3], 2)
```

다음은 이차원 배열 m의 각 요소를 합산하는 문제를 함수에서 처리하도록 하는 예제 프로그램이다.

예제 7-15 2차원 배열을 함수에 전달(1)

```
#include<stdio.h>
int main(void)
 {
    int fsum(int *, int);
    static int m[2][3] = {{10,20,30},{40,50,60}};
    int sum=0;
    sum = fsum(m[0], 2*3);
    printf("sum = %d\n", sum);
    return 0;
 }
int  fsum(pm, n)
int pm[], n;
 {
    int i, s=0;
    for(i=0; i<n; ++i)
        s += pm[i];
        return(s);
 }
```

(실행 결과)

```
sum = 210
```

위 int main(void)함수에서 호출문 fsum(m[0], 2*3)은 2차원 배열요소 중 처음 요소의 주소 m[0]과 전체 요소의 갯수 2*3을 실인수로 하고 있다. 여기서는 2차원 배열 m을 부분 1차원 배열 m[0]과 m[1]이 서로 연결된 1차원 배열로 간주하여 1 차원 배열의 경우와 같이 문제를 처리하고 있다.

다음은 2차원 배열 m을 행단위로 분할하여 1차원 배열 m[0]과 m[1]을 별개로 처리하는 경우이다.

예제 7-16 2차원 배열을 함수에 전달(2)

```
#include<stdio.h>
int main(void)
 {
   int fsum(int *, int);
   static int m[2][3] = {{10,20,30},{40,50,60}};
   int i, sum=0;
   for(i=0; i<2; i++)
      sum += fsum(m[i], 3);
      printf("sum = %d\n", sum);
   return 0;
 }
int fsum(pm, n)
int pm[], n;
 {
   int i, s=0;
   for(i=0; i<n; ++i)
      s += pm[i];
      return(s);
 }
```

(실행 결과)

```
sum = 210
```

여기서는 함수 fsum()에 대한 호출이 배열 m의 각 부분 1차원 배열명과 요소의 개수를 실인수로 취하여 fsum(m[0], 3), fsum(m[1], 3)과 같이 두 차례 실행된다.

지금까지의 예제에서는 다차원 배열을 일차원 배열과 같이 취급하여 문제를 풀었으나 다차원 배열을 인수로 받는 경우에 대해서 살펴보기로 하자.

예 제 7-17 2차원 배열을 함수에 전달(3)

```
#include<stdio.h>
int main(void)
 {
    int fsum();
    static int m[2][3] = {{10,20,30},{40,50,60}};
    int  sum=0;
    sum = fsum(m, 2);
    printf("sum = %d\n", sum);
    return 0;
 }

int fsum(pm, n)
int pm[][3], n;
 {
    int i, j, s=0;
    for(i=0; i<n; i++)
        for(j=0; j<3; j++)
            s += pm[i][j];
            return(s);
 }
```

(실행 결과)

```
        sum = 210
```

다차원 배열을 인수로 받을 경우는 fsum()함수 인수 선언문에서 int pm[][3];과 같이 맨 처음 첨자를 제외한 나머지 첨자를 반드시 표시해 주어야 한다. 가령 int k[2][3][4]로 선언된 3차원 배열을 함수에서 가인수로 전달 받으려면 int pk[][3][4]로 선언해 주면 된다.

연습문제

1. 다음 프로그램의 실행 결과는 무엇인가?

```
#include<stdio.h>
int main(void)
{
 static int x[]={10, 20, 30, 40, 50};
 int i,n,s-0;
 n=sizeof(x)/ sizeof(int);
 for(i=0; i<n; i++)
     s += x[i];
     printf("%d \n",s);
 return 0;
}
```

2. 일차원 배열 y[]가 다음과 같이 초기화 되었을 때 다음 식의 값은?

```
static double    y[]={4.0, 5.5, 7.5, 8.0, 9.5}
```

(1) *y

(2) *(y+3)

(3) y[2]

(4) *&y[4]

(5) 1+1[y]

3. 다음은 어느 하천의 수위를 일주일 동안 측정한 값이다.(단위 m)

   [15, 13, 17, 18, 16, 15]

   측정값을 이용하여 평균, 분산, 표준편차를 구하는 프로그램을 작성하라.

   분산 $\sigma^2 = \frac{1}{n} \sum_{i=0}^{n} \left(x_i - \overline{\mathrm{x}}\right)^2$

4. 40명의 시험성적을 1차원배열 SCORE에 읽어들인 후 최고 점수와 최소 점수를 출력하는 프로그램을 작성하라.

5. 정수형 2차원배열 a가 다음과 같이 선언 되었을 때 각 배열요소를 제곱하여 합산하는 프로그램을 작성하라.

   static int a[][4] = { {11,12,13,14},{15,16,17,18},{19,20,21,22}};

6. 다음과 같은 행렬 A, B에 대한 합과 곱을 구하는 프로그램을 2차원 배열을 이용하여 작성하라

$$\mathrm{A} = \begin{bmatrix} 121 & 234 & 536 \\ 732 & 849 & 123 \\ 127 & 648 & 236 \end{bmatrix} \qquad \mathrm{B} = \begin{bmatrix} 12 & 16 & 18 \\ 26 & 74 & 89 \\ 42 & 24 & 52 \end{bmatrix}$$

7. 문제 6 에서 A B 행렬의 비대각 요소의 합을 구하는 프로그램을 작성하라.

8. 2차원 배열 z가 다음과 같이 선언되었다.

   static int z[2][4]= {1, 2, 3, 4, 5, 6, 7, 8};

   다음 표현식의 값은?

   (1) *z[0]

   (2) **(z+ 1)

(3) *(z[1]+ 1)

(4) *(*(z+1)+ 2)

(5) (*(z+1))[3]

(6) z[0][2]

(7) 1[z][3]

(8) 3[z[0]]

(9) 2[0[z]]

(10) **z

9. 다음 문장에 대한 수식의 결과는?

int a=2, b=7, *p= &a, *q= &b;

(1) *p + b

(2) **&q - *p

(3) ++*p * --*q * 3

(4) &*&i != p

(5) *&b == **&q

10. 다음 선언문에 대한 출력문의 결과는?

```
int i=8,  *ip= &i, **ipp= &ip;
printf("%u %u %u\n", &i, ip, *ipp);
printf("%d %d %d\n", i, *ip, **ipp);
```

11. 다음 프로그램의 실행 결과는?

```
#include<stdio.h>
```

```
int main(void)
  {
    static int x[5]= {40, 50, 60, 70, 80};
    int i, *p= x;
    printf("%d %d %d %d %d\n",x[0], *++p,*(x+2),*(p+3),4[x],p[2]);
   return 0;
  }
```

12. 다음 프로그램의 실행결과를 구하라.

```
#include <stdio.h>
int main(void)
  {
    static char ch[]= {'c','o','m','p','u','t','e','r','\o'};
    char *p;
    for(p = ch; *p != '\0'; ++p)
      putchar(*p-32);
    return 0;
  }
```

13. 다음 프로그램의 실행결과는?

```
#include<stdio.h>
int main(void)
  {
    static int x[4][2]={1, 2, 3, 4, 5, 6, 7, 8};
```

```
int *p, (*q)[2], i;
p= x[0];
for(i= 0; i <= 3; ++i)
    printf("%5d", *(p+i));
printf("\n");
    for(i= 0; i <= 3; ++i)
        printf("%5d", **(q+i));
printf("\n");
return 0;
}
```

14. 다음의 호출문장에 대응하는 2차원 배열 x의 요소를 출력하는 함수 f(px,n)을 작성하라. 함수의 가인수 px에 대한 정의는

```
int px[ ][3];
```

로 한다.

```
static int x[3][4]= {{1, 2, 3, 4},{5, 6, 7, 8},
                                        {9, 10, 11, 12}};

    f(x,3);
```

15. 다음 프로그램의 실행 결과는?

```
#include<stdio.h>
int main(void)
{
  int a[4], i, *p= a;
  for(i=0; i<4; i++)
```

```
        {
            *p++= i;
            printf("a[%d]= %d\n", i, a[i]);
        }
    return 0;
    }
```

16. 다음 각 경우에 *p 와 *(p+1) 의 값은 얼마인가?

```
a) int *p;
   static int x[4]= {4, 5, 6, 7};
   p = x;
b) float *p;
   static float y[2][3]= {{1.0, 2.0, 3.0}
                          {4.0, 5.0, 6.0}};
   p = y[1];
c) int *p ;
   static int y[2]= {123,567};
     p = y;
```

17. 배열변수 int x[5] 에 임의 데이터를 입력받아 bubble sort 하여 출력하는 프로그램을 완성하라.

Chapter

8 문자열과 문자 처리 함수

8.1 문자열(String)의 정의

문자열은 다음 예와 같이 " "사이에 나열되는 문자들을 말한다.

```
"Peace to you!"
```

문자열은 다음과 같이 문자형(char) 배열을 이용하여 처리할 수 있다.

```
char x[]= "Peace to you!";
```

14 byte

p	e	a	c	e		t	o		y	o	u	!	\0

그림 8.1 문자열의 기억

문자열을 구성하는 각 문자들은 한 byte의 메모리 cell에 한 문자씩 기억된다. 문자열은 항상 빈(null)문자 '\0'로 끝나기 때문에 문자열을 기억시킬 때는 실제 문자열을 구성하는 문자의 개수보다 하나 더 많은 기억 공간이 필요하다. 빈 문자는 숫자 0을 나타내는 것이 아니라 ASCII 값이 0으로서 출력이 불가능한 문자다.

8.2 문자열 상수(String constants)

문자열 상수는 나열된 문자들을 인용부호 " "로 둘러쌓아 표현한다. 컴파일러가 본래의 " 문자와 구분하도록 하기 위해서 문자열 안에서 "의 표기는 \"로 기술하여 문자열을 표시하는데 사용하는 "와 구분한다.

예로서 문자열 Remember "me".를 출력하고자 할 때는 다음의 출력문

```
printf("Remember \" me \".\n");
```

을 사용한다.

문자열 상수는 기억 클래스가 static이므로 정적 기억공간에 기억되며 문자열 상수 자체가 해당 기억공간을 가리키는 포인터 상수로 사용된다.

다음에 그 예를 보인다.

예 제 8-1 문자열의 포인터

```
#include<stdio.h>
int main(void)
 {
   int i;
   static char x[] = "pen";
   printf("%s  %u\n", x, x);
   for(i=0; i < 3; i++)
      printf("%c   %c\n", "fan"[i], *("fan"+i));
   return 0;
 }
```

(출력 결과)

```
pen  43246284
f    f
a    a
n    n
```

앞 예제에서 배열명 x가 문자열 "pen"이 저장되어 있는 주소를 가리키듯 문자열 "fan"은 자신을 가리키는 포인터 상수가 되어 포인터 식 *("fan"+i)은 "fan"의 주소로부터 i만큼 떨어진 장소의 자료 값을 추출해준다.

"fan"[i]은 *("fan" + i)과 동일한 표현식이다.

8.3 문자배열과 문자열 초기화(Initialization)

문자 배열의 경우 기억 클래스(storage class)가 정적(static)과 외부(external)인 경우에 한하여 초기화가 가능하다.

다음에 그 예를 들어본다.

static char s[] = "Be strong!";

위에서 배열 s는 "Be strong!"이란 문자열로 초기화 되는데 s의 크기는 null문자까지 기억하기 위해서 적어도 11byte의 기억공간이 필요하며 또한 문자 단위로 배열 원소에 다음과 같은 형식으로 초기화 할 수 있다.

static char s[11] = {'B','e',' ','s','t','r','o','n','g','!','\o'};

여기서 배열명 s는 첫 번째 원소의 주소값을 갖는 포인터 상수로서

&s[0] == s,   s[0] == *s == 'B'

의 관계식이 성립된다.

또한 포인터 변수를 사용하여 문자열 상수를 다음과 같이 초기화 할 수 있다.

char *sp = "Why me?";

이 경우 문자열 상수 "Why me?"가 해당 기억장소에 기억된 후 그 주소를 sp가 자료 값으로 할당 받는다. 포인터 변수에 문자열 상수를 초기화 시킬 경우에는 기억 클래스의 제한을 받지 않게 되어 자동 변수도 초기화가 가능하다.

예 제 8-2 문자열의 초기화

```
#include<stdio.h>
 int main(void)
  {
    static char s[]="keep Yourself Pure!";
    static char s1[]={'L','i','g','h','t','\0'};
    char *sp = "Be content!";
    printf("%c %c %c\n", *s, *(s+3), *(s1+4));
    printf("%s\n", s1);
    for( ; *sp != '\0'; sp++)
       putchar(*sp);
       printf("\n");
    return 0;
  }
```

(실행 결과)

```
k p t
Light
Be content!
```

위 예에서 sp는 포인터 변수로서 sp++와 같은 형식으로 증가시키면서 출력시킬 수 있지만 s나 s1은 포인터 상수로서 증가 연산자의 사용이 불가능하다. 그러나 정수형 첨자 i를 도입하여 *(s+i)형식으로 해당 문자를 참조 할 수 있다.

8.4 문자열 배열

문자열 배열은 포인터 배열을 이용하는 경우와 char형의 2차원 배열을 이용하는 두 가지 경우가 있다. 우선 포인터 배열을 이용하는 방법에 대해 설명하기로 한다. 예로서 다음과 같이 선언된 경우에는

```
char *p[5];
```

컴파일러는 char형 자료를 가리키는 포인터 5개를 할당한다. 다음 예를 통하여 포인터 배열을 초기화하는 경우를 살펴본다.

예 제 8-3 문자열 배열

```
#include<stdio.h>
int main(void)
 {
   static char c1[]="Tell",
               c2[]="The",
               c3[]="Truth";
   static char *pc[]={c1, c2, c3};
   static char *ps[]={"Value","Human","Life"};
   printf("%s  %s  %s\n", pc[0], pc[1], pc[2]);
   printf("%c  %c  %c\n", *pc[0], *pc[1], *pc[2]);
   printf("%s  %s  %s\n", *ps, *(ps+1), *(ps+2));
   printf("%s  %s  %s\n", ps[0], ps[1], ps[2]);
   return 0;
 }
```

(실행 결과)

```
Tell  The  Truth
T  T  T
Value  Human  Life
Value  Human  Life
```

예제에서 포인터 배열 pc나 ps의 기억장소 길이는 문자열을 가리키는 포인터 3개가 들어 갈만한 크기이며 초기화되는 문자열은 별도의 기억장소에 문자열에 맞도록 기억장소가 할당된다.

프로그램 문장에서 표현식 pc[i], *(ps+i)등은 각각의 배열에 있는 i번째 문자열 상수를 가리키는 포인터 배열요소를 의미한다. 그림 8.2에서 각 배열에 기억된 값을 보인다.

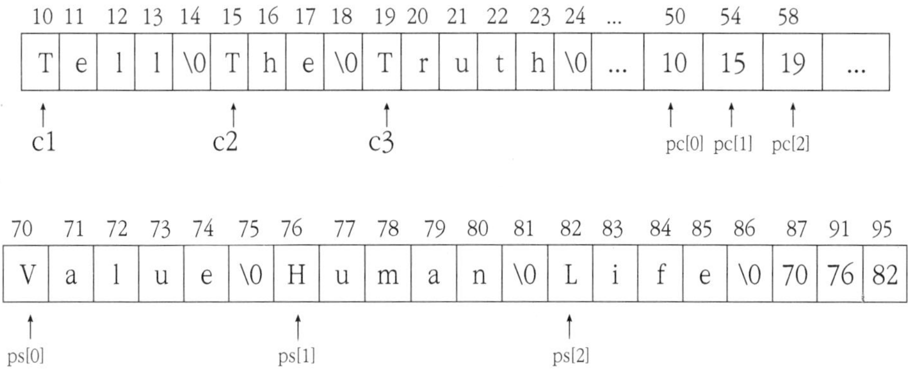

그림 8.2 예제 8-3 배열의 기억공간

다음과 같이 char형의 2차원 배열을 선언하여 초기값을 주는 경우에 대해 살펴보자.

```
static char s[3][10]={"Keep","Yourself","Pure"};
```

2차원 문자 배열 s는 요소 수가 10개인 3개의 1차원 문자 배열로서 주어진 초기치에 의해서 그림 8.3과 같이 초기화 된다.

s[0]	K	e	e	p	\0					
s[1]	Y	o	u	r	s	e	l	f	\0	
s[2]	P	u	r	e	\0					

그림 8.3 문자형 2차원 배열 이용시

2차원 문자 배열을 이용한 문자열 배열의 경우는 포인터 배열을 이용하는 방식에 비해 여분의 기억공간이 발생할 우려가 있으며 처음에 주어진 문자열 자료보다 크기가 큰 문자열 자료를 입력 시키고자 할 때는 배열의 크기를 확대시켜야 된다. 두 방법을 비교해 볼 때 기억장소의 이용 면에서 포인터 배열을 이용하는 경우가 훨씬 효율적이라 말할 수 있다.

예 제 8-4 2차원 배열을 사용한 문자열 기억

```
#include<stdio.h>
int main(void);
 {
    void f()
   static char s[3][30]={"Don't make for yourself",
                  "a carved image", "Refuse idolatry"};
   printf("%s %s\n %s", s[0], s[1], s[2]);
   f(s);
   return 0;
 }

void f(sa)
char sa[][30];
 {
   int i;
   for(i=0; i<3; ++i)
      printf("\n%s", sa[i]);
 }
```

(출력 결과)

```
Don't make for yourself a carved image
Refuse idolatry
Don't make for yourself
a carved image
Refuse idolatry
```

8.5 main()함수의 인수(Argument)

함수 프로그램에 인수를 전달하듯 운영체제 환경의 명령 행에서 main()함수에 인수를 전달하는 경우가 있다. 대체로 main()함수는 두개의 인수를 가진다. 첫 번째 인수는 운영체제 환경의 명령행 인수(command line argument) 개수를 나타내는 것이고, 두 번째 인수는 명령 행을 구성하는 각 문자열 요소를 가리키는 포인터 배열 변수로서 각 포인터 배열 요소는 각 문자열 요소의 주소 값을 기억한다.

예 제 8-5 main()함수에 인수전달(I)

```
#include<stdio.h>
int main(argc, argv)
int argc;
char *argv[];
  {
    int i=0;
    printf("argc = %d\n", argc);
    while(i<argc){
       printf("argv[%d] = %s\n", i, argv[i]);
       ++i;
    }
    return 0;
  }
```

예제 프로그램을 unix의 xlc 혹은 cc컴파일러를 이용하여 컴파일 한 후 a.out이란 실행 파일을 얻었다 하자. 다음과 같은 명령행 입력을 기술하여 프로그램을 실행하면

$a.out Honor your parents.

다음과 같은 출력결과를 얻게된다.

argc = 4

argv[0] = a.out

argv[1] = Honor

argv[2] = your

argv[3] = parents.

실행 결과를 통해서 알 수 있듯이 인수의 갯수를 나타내는 변수 argc의 값은 4이고 포인터 배열변수의 i번째 요소 argv[i]는 입력 행의 i번째 문자열을 가리킨다. 또한 위 예제 프로그램의 실행 명령행 자료로서 다음 입력

$a.out Be strong

을 주었을 경우 포인터 배열 요소 argv[]가 가리키는 각 문자열은 다음과 같다.

argv[0] = "a.out"

argv[1] = "Be"

argv[2] = "strong"

50	56	59		100	104	108
a.out\0	Be\0	strong\0	....	50	56	59
				argv[0]	argv[1]	argv[2]

그림 8.4 argv[] 배열요소의 자료값

예 제 8-6 main()함수에 인수 전달(II)

```
#include <stdio.h>
int main(ac, av)
int ac;
char *av[];
  {
    if(av[1][0] == 'ℓ')
       system("ℓs"); /* 명령행에서는 "dir/w" */
    else
       system("ℓs -ℓa"); /* 명령행에서는 "dir" */
    return 0;
  }
```

실행시 $a.out ℓ와 $a.out를 비교해 보면 a.out ℓ는 unix의 명령 "ls"명령의 실행 결과를 보이고 a.out은 "ℓs -ℓa"의 실행 결과를 보인다.

위에서 system 명령은 c인어 프로그램 상에서 unix 운영체제 명령을 사용하고 싶을 때 이용하는 함수로 "인수"에 해당하는 unix 명령을 실행한다.

8.6 문자열 처리함수

C언어의 표준 라이브러리에 있는 파일 string.h에서는 문자열을 처리하기 위한 함수들을 제공한다. 본 절에서는 문자열 길이계산, 비교, 연결, 탐색, 복사 등 다양한 기능을 수행하는 몇 몇 대표적인 유용한 함수들을 설명하기로 한다. 여기에 소개되지 않는 함수들은 string.h 파일을 참조해야 한다.

(1) 문자열 길이 반환 함수

문자열 길이('\0'문자 이전의 문자열을 구성하는 문자의 개수)를 정수 값으로 반환하는 함수로서 형식은 다음과 같다.

(형식)

```
unsigned strlen(s)
char *s;
```

예 제 8-7 문자열의 길이 계산

```
#include <string.h>
#include <stdio.h>
 int main(void)
  {
    int i, k;
    char *s1 = "Hi Dad !";
    char s2[] = "Happiness is ...";
    printf("%d  %d  %d\n", k = strlen(s1),  strlen(s2),
                                    strlen("Fish hard"));
    for(i = 0; i< k; i++)
       putchar(*s1++);
       printf("\n");
    return 0;
  }
```

(실행 결과)

```
8  16  9
Hi Dad !
```

(2) 문자열 복사 함수

문자열을 복사(copy)하는 함수로서 형식은 다음과 같다.

(형식)

```
char *strcpy(s1, s2)
char *strncpy(s1, s2, n)
     char *s1, *s2;
     int n;
```

strcpy(s1, s2)함수는 문자열 s2를 s1이 가리키는 장소에 복사한 후 s1에 대한 포인터를 반환한다. strncpy(s1, s2, n)함수는 문자열 s2의 앞쪽에서 n문자의 길이만큼만 s1에 복사한다.

함수의 실행 시 주의 할 점은 s1의 기억장소 크기가 s2를 수용할 수 있도록 여유가 있어야 하며 실행 후 s1의 이전 기억된 값은 소멸된다.

예 제 8-8 strcpy()함수

```
#include <string.h>
#include <stdio.h>
 int main(void)
  {
    char *sp = "Only Believe!";
    char sa[30], sb[30], *sc = sb;
    strcpy(sa, sp);
    strcpy(sb, "What's missing?");
    printf("%s\n%s\n", sa, sb);
    while(*sc++ = *sp++);
       printf("%s\n", sb);
    return 0;
  }
```

(실행 결과)

```
Only Believe!
What's missing?
Only Believe!
```

(3) 문자열 비교 함수

문자열 자료를 서로 비교하는 함수로서 형식은 다음과 같다.

(형식)

```
int strcmp(s1, s2)
int strncmp(s1, s2, n)
char *s1, *s2;
int n;
```

strcmp(s1, s2)는 문자열 s1과 s2를 앞에서 부터 한 문자씩 코드 값을 비교하여

s1 〉 s2 이면 양수,

s1 〈 s2 이면 음수,

s1 == s2 이면 0

의 정수 값을 반환한다. strncmp(s1, s2, n)는 s1과 s2 문자열의 앞에서 n번째 문자까지만 비교되고 다른 기능은 strcmp(s1, s2)함수와 동일하다.

예 제 8-9 strcmp()함수

```
#include <string.h>
#include <stdio.h>
 int main(void)
  {
```

```
    int i;
    char *s1 = "Learning", *s2 = "Learner";
    printf("%d\n", strcmp(s1, s2));
    for(i=5; i<=7; i++)
        printf("%d\n", strncmp(s1, s2, i));
    return 0;
}
```

(실행 결과)

```
4
0
4
4
```

(4) 문자열 연결 함수

문자열을 연결시키는 함수로서 형식은 다음과 같다.

(형식)

```
char *strcat(s1, s2)
char *strncat(s1, s2, n)
char *s1, *s2;
int n;
```

strcat(s1, s2)함수는 문자열 s1 뒤에 문자열 s2를 덧붙이고 그 결과를 s1에 기억시킨 후 포인터 값 s1을 반환한다. 여기서 s1이 s2를 덧붙여도 될 만큼 충분한 메모리를 확보 했는가 주의해야 한다.

strncat(s1, s2, n) 함수는 문자열 s2의 앞쪽에서 n문자까지만 문자열 s1에 연결된다.

예 제 8-10 문자열 연결함수

```
#include <string.h>
#include <stdio.h>
 int main(void)

  {
    int i;
    char s1[30], s2[30];
    strcpy(s1, "The Best");
    strcat(s1, " News");
    printf("%s\n", s1);
    strcpy(s2, "Learning to trust");
    printf("%s\n", strcat(s1, s2+7));
    printf("%s\n", strncat(s1, s2, 8));
    return 0;
  }
```

(실행 결과)

```
The Best News
The Best Newsg to trust
The Best Newsg to trustLearning
```

(5) 문자 탐색 함수

문자열 중에서 특정 문자를 탐색하는 함수로 형식은 다음과 같다.

(형식)

```
char *strchr(s, c)
char *strrchr(s, c)
char *index(s, c)
char *s, c;
```

strchr(s, c)함수나 index(s, c)함수는 문자열 s중에서 첫 번째로 탐색되는 문자 c의 포인터를 반환한다. 만약 문자 c를 찾지 못하면 null이 반환된다.

strrchr(s, c)함수는 문자열 s의 후미에서 앞쪽으로 문자 c를 탐색하여 첫 번째 출현되는 문자 c의 포인터를 반환한다.

예제 8-11 문자 탐색

```
#include <string.h>
#include<stdio.h>
int main(void)
 {
   static char s[30];
   char c;
   c = 'a';
   strcpy(s, "Teach me to do the humble task");
   printf("%s\n", strchr(s, c));
   printf("%s\n", strrchr(s, c));
   return 0;
 }
```

(실행 결과)

```
ach me to do humble task
ask
```

(6) 문자열 탐색 함수

문자열 중에서 특정 문자열을 탐색하는 함수로 형식은 다음과 같다.

(형식)

```
char *strstr(s1, s2)
char *strpbrk(s1, s2)
char *s1, *s2;
```

strstr(s1, s2)함수는 문자열 s1 중에서 첫 번째로 탐색되는 부분 문자열 s2의 시작 포인터를 반환하고 찾지 못하면 null을 반환한다.

strpbrk(s1, s2)함수는 문자열 s2를 구성하는 어떠한 문자가 문자열 s1내에서 최초로 발견되면 발견된 그 첫 번째 문자의 포인터를 반환한다. 만약 문자열 s2를 구성하는 어떠한 문자도 s1중에서 발견하지 못하면 null을 반환한다.

예제 8-12 문자열 탐색

```
#include <stdio.h>
#include <string.h>
int main(void)
 {
   char *s1 = "Inward man is being renewed";
   char *s2 = "man";
   printf("%s\n", strstr(s1, s2));
   s2= strstr(s1, "is");
   printf("%s\n", s2);
   printf("%s\n", strpbrk(s1, "abc"));
   return 0;
 }
```

(실행 결과)

```
man is being renewed
is being renewed
ard man is being renewed
```

8.7 문자열 입출력 함수

8.7.1 gets()함수

문자열 입력 함수로는 이미 학습한 scanf()외에도 gets()함수가 있다.

gets()함수는 다음 형식을 갖는다.

(형식)

```
char *gets(s)
char *s;
```

gets(s)는 문자열 포인터 s가 가리키는 장소에 입력장치로 부터 읽어 들인 문자열 데이터를 저장한다. 입력되는 문자열은 키보드의 enter키를 치기 전까지 즉, '\n'문자를 만나기 전까지 키보드에서 입력한 문자 자료가 기억되며 그 문자열의 끝에는 '\0' 문자가 반드시 추가된다. 다음의 문장

```
char x[30];
gets(x);
```

에 대한 입력으로 fear not! 를 키보드에서 입력시키면

x	f	e	a	r		n	o	t	!	\0

와 같이 x의 장소에 자료가 기억된다.

예제 8-13 gets()함수

```
#include <stdio.h>
int main(void)
 {
   char s[100], *ps = s, *p;
```

```
    gets(s); /* 배열 s에 입력 */
    printf("%s\n", s);
    p = gets(ps); /* 포인터 ps가 가리키는 장소에 입력 */
    printf("%s\n", ps);
    printf("%s\n", p);
    return 0;
}
```

(실행 결과)

```
gets function        (입력 자료)
gets function        (출력 자료)
test                 (입력 자료)
test                 (출력 자료)
test                 (출력 자료)
```

위 예제에서 포인터 변수 ps를 초기화 시키지 않고

gets(ps);

라는 문장을 그대로 두고 컴파일 작업한 후 실행시켜 보자. "Segmentation fault"라는 오류 메시지가 나타난다. 이것은 포인터 변수 ps는 입력되는 문자열에 대한 실제 기억장소가 될 수 없기 때문이다.

8.7.2 puts()함수

printf()함수를 이용하면 문자열을 원하는 형식대로 형식 변환하여 출력시킬 수 있다. puts(s)는 printf()함수에 비해 사용이 간편한 문자열 처리 함수로서 처리속도가 신속하며 다음 형식을 갖는다.

(형식)

```
char *puts(s)
char *s;
```

puts(s)함수는 포인터 s가 가리키는 문자열을 출력 파일에 출력한다. 출력 할 때 문자열 끝에 '\n'를 추가시키기 때문에 printf()문과는 달리 한 줄의 문자열 자료를 출력한 후 자동으로 줄 바꿈을 해준다.

예 제 8-14 문자열 출력

```
/* puts()함수 */
#include <stdio.h>
int main(void)
 {
   int i;
   static char s[]="I love to tell the story.";
   char *ps = "It did so much for me.";
   puts("Help me to have integrity.\n");
   puts(ps);
   puts(s);
   for(i=0; i<sizeof(s); i=i+5)
      puts(s+i);
   return 0;
 }
```

(실행 결과)

```
Help me to have integrity.
It did so much for me.
I love to tell the story.
I love to tell the story.
e to tell the story.
tell the story.
the story.
tory.
```

예제 8-14에서 첫 puts()함수에 의한 출력 결과에 한 줄의 공백이 있는 것은 인수로 된 문자열 상수 끝에 개행 문자가 포함되었기 때문이다.

8.8 문자 처리 함수

지정된 단일문자 자료를 변환시키거나 검사를 하는데 사용하는 매크로(macro)는 ctype.h라는 파일에서 제공되며 그 종류는 다음과 같다.

(표 8-1) 문자처리 매크로

매크로 종류	내 용
isalpha(c)	영문자인가?
isalnum(c)	영문자 혹은 숫자인가?
isascii(c)	ASCII 코드인가? (0~0x7f)
iscntrl(c)	제어 코드인가?
isdigit(c)	십진 숫자인가?
isgraph(c)	시각 인식 문자인가?
islower(c)	영 소문자인가?
isprint(c)	인쇄 가능 문자인가?
ispunct(c)	구두점 문자인가?
isspace(c)	공백인가?
isupper(c)	영 대문자인가?
isxdigit(c)	16진 숫자인가?
toascii(c)	최상위 비트를 ASCII 코드로 바꿈
tolower(c)	c를 대문자에서 소문자로 바꿈
toupper(c)	c를 소문자에서 대문자로 바꿈
-tolower(c)	c를 무조건 소문자로 바꿈
-toupper(c)	c를 무조건 대문자로 바꿈

표에서 is~ 로 시작되는 매크로 검사 기준을 만족하면 0이 아닌 값(참), 만족하지 않으면 0(거짓)을 반환한다. 한편 to~ 나 -to~ 로 시작하는 매크로는 매크로가 지시하는 형태로 문자 c를 변환시킨다.

예 제 8-15 문자 처리 함수

```
#define MAX 255
#include <ctype.h>
#include<stdio.h>
int main(void)
 {
   int i,icount=0;
   for (i = 0; i <= MAX; i++)
      if (isdigit(i))
      {  icount++;
         printf("%c %c",i,(icount%5 == 0 ? '\n' : ','));
      }
   return 0;
 }
```

(실행결과)

```
0 ,1 ,2 ,3 ,4
5 ,6 ,7 ,8 ,9
```

예 제 8-16 문자 처리 함수

```
#include <stdio.h>
#include <ctype.h>
 int main(void)
  {
    int c;
    while((c=getchar()) != EOF)
       if(c >= 'a' && 'z' >= c)
          putchar(toupper(c));
       else
          putchar(c);
   return 0;
  }
```

(실행결과)

```
abcdefg
ABCDEFG
```

연습문제

1. 다음 잘못된 문장을 수정하여라

```
#include<stdio.h>
int main(void)
 {
  char s1[] = {'L','i','f','t'}, s2[14];
  puts(s1);
  strcpy(s2,"Up your eyes!\n");
  return 0;
  }
```

2. 다음 프로그램의 실행결과는?

```
#include<stdio.h>
int main(void)
 {
  static char s[] = "Changing mind";
  printf("%s\n %s\n", s, s+4);
  s[8]='\0';
  printf("%s\n", s);
  printf("%c %c %c\n",*"You",*("You"+1),"You"[2]);
  return 0;
  }
```

3\. 다음 프로그램의 실행결과는?

```
#include <stdio.h>
int main(void)
 {
     static char s[] = "Stir me now, long to know You";
     char *p = s;
     while(*p != '\0')
         putchar(*p++);
         putchar('\n');
     while(p >= s)
         putchar(*p--);
     return 0;
  }
```

4\. 다음 프로그램의 실행결과는?

```
#include<stdio.h>
int main(void)
 {
     int i;
     static char c1[100] = "Day by day";
     static char *p[] = {c1," hour by hour"," Help me"};
     for (i = 0; i < 3; i++)
     printf("%s\n",p[i]);
     for(i = 1; i < 3; i++)
```

```
    printf("%s\n",strcat(c1,*(p+i)));
    return 0;
}
```

5. 다음과 같은 문자배열 자료를 출력 시킬 수 있는 함수f()를 작성하여라

```
 int main(void)
{
    static char c2[3][30] = {"oh!","sweet","words to me"};
      :
    f(c2);
      :
}

f(s)
char (*s)[30];
{
        :
}
```

6. 다음 프로그램의 실행결과는?

```
#include <stdio.h>
main(argc,argv)
int argc;
char *argv[];
{
```

```
    int i;
    char s[30];
    if (argc > 1)
    for (i = 1; i < argc ; i++, strcpy(s,"cat "))
        system(strcat(s,argv[i]));
    return 0;
}
```

7. 다음 빈칸을 채워 문자열의 길이를 반환하는 strlen()함수와 동등한 기능을 갖는 함수를 작성하여라

1) int str_of_len(p)

```
char *p;
{
    int i=0;
    while(*(                              )
    return(i-1);
}
```

2) int str_of_len(p)

```
char *p;
{
   if(*p == '\0')
        return(0);
    else
  return(                          )
}
```

8. 다음 프로그램의 실행결과는?

```
#include<stdio.h>
#include <string.h>
 int main(void)
{
    static char s1[]="motivation";
    static char s2[]="motive";
    char *p,*q;
    p=s1;
    q=s2;
    while(*p == *q) {
        if (*p == '\0')
            return(0);
            p++;
            q++;
    }
   printf("%d\n",*p-*q);
   printf("%d\n",strcmp(s1,s2));
   return 0;
 }
```

9. 다음 프로그램의 출력결과는?

```
#include <string.h>
#include <stdio.h>
char s[50] = "Beautiful lives have they who bear";
char *p = "Big little thing";
```

```
int main(void)
{
    char s1[70],*ps;
    ps=s;
    while(*ps)
      putchar(*ps++);
    s[9]='\0';
    puts(s);
    while(*ps != '\0');
    putchar(*ps--);
    printf("%d\n", strlen(s+16));
    printf("%s\n", strcpy(s1,p+4));
    ps=strpbrk(s, "lmn");
    printf("%s\n", strcat(s,ps));
    return 0;
  }
```

10. strcat()함수와 동등한 기능을 갖는 함수를 작성하여라

11. iscntrl()함수를 이용하여 제어문자의 ASCII code를 16진수로 출력하는 프로그램을 작성하여라

12. 임의로 작성된 C프로그램의 소스 file을 읽은 후 연산자(산술,관계,논리,대입)를 만나면 연산자 앞뒤에 1개의 공백을 넣어 출력하는 프로그램을 작성하여라.

Chapter

9 선행처리 지시자

C언어의 선행처리 지시자는 C의 원시 file에 대해서 컴파일러가 컴파일을 하기 전 필요한 전처리 작업을 수행한다. 따라서 원시 file내의 모든 선행처리 지시자가 붙은 선행처리기는 문장을 컴파일이 가능한 C의 문장으로 전개하는 역할을 한다.

9.1 #define

#define의 형식은 다음과 같다.

(형식)

```
#define  매크로명  치환 문자열 또는 치환 수식
#define  매크로명(인수리스트)  치환문자열 또는 치환 수식
```

#define의 형식은 위와 같이 두 종류로서 전자는 간단한 형태의 매크로다. 이는 원시파일 내의 모든 매크로명을 치환 문자열이나 치환수식으로 대치시킨다. 다음의 예를 살펴보자.

```
#define PI 3.141592
#define ROK "Republic of korea"
#define MAX 32767
#define ERR "No input, Try\
        again"
#define AND &&
```

매크로 치환 list가 길어서 한행(one line)에 다 기술할 수 없는 경우는 행의 끝에 역사선(\, backslash)를 두어 다음 행에서 이어 기술할 수 있다.

매크로명과 치환자료 사이에는 반드시 공백으로 구분해 주고 이미 정의된 매크로명을 인용하여 다음과 같이 매크로를 중첩 정의할 수 있다.

```
#define  RAD  PI/180.0
```

매크로는 긴 문장이나 여러 행의 문장을 대신하는 하나의 용어로서 일반 변수와 구분하기 위해 대문자로서 표현하는 것이 관행이다. 매크로 상수는 복잡하고 난해한 상수를 의미가 부여된 매크로명으로 치환하므로 문서화에 도움을 주며, 사용하는 기계의 특성에 맞게 치환 리스트의 상수를 바꾸어 줌으로서 프로그램의 이식성을 향상 시킬 수 있다.

다음은 #define 사용의 잘못된 경우를 보인 것이다.

```
#define BUS STOP "City Hall"   /* 공백 있는 매크로명 */
#define TWO 1+1;   /*  ; 불필요  */
#define + "plus"   /* 특수문자 매크로명 */
        #define work "Do your best!"   /* 시작 위치 부적합 */
#define K 3  #define M  6   /* 두 문장 기술 */
```

한편 #define문의 치환 list가 수식인 다음의 경우를 살펴보자.

```
#define SB 1600
#define MIN SB+100
printf("%d\n", MIN/4);
```

위 코드 위에서 출력문의 결과치는 무엇일까? 아마 425의 값을 예상했을 것이다. 그러나 출력항 MIN/4는 1600+100/4로 전개되어 1625가 출력값이 된다.

두 번째 #define문을 #define MIN (SB+100)으로 수정할 경우 출력문의 결과는 425로 된다. 따라서 치환 list가 수식일 경우는 반드시 수식을 괄호로 묶어 사용함으로서 계산의 오류를 막을 수 있다.

두 번째 형식의 #define문은 매크로명이 인수를 갖는 매크로 함수의 경우로서 인수 리스트는 적어도 0개 이상의 가인수를 가질 수 있다.

그 형식의 일예를 들어보자.

```
#define prt(x) printf("value of x is %d\n", x)
```

위에서 매크로명은 prt이며 매크로 상수와 달리 매크로 함수명은 대문자 뿐 아니라 소문자도 많이 사용한다. x는 인수로서 인수가 없는 경우에는 인수를 생략할 수 있으나 괄호는 생략이 불가능하다.

매크로 함수명과 인수를 둘러싸는 시작 괄호 사이에 공백이 있어서는 안된다. 예로서 다음의 매크로 함수는

```
#define cube (x) ((x)*(x)*(x))
```

cube란 매크로명을 치환리스트

```
(x) ((x)*(x)*(x))
```

로 대치하는 결과가 된다.

다음은 매크로의 기능을 설명하는 예제이다.

예 제 9-1 매크로 함수

```
#define cube(x) ((x)*(x)*(x))
#define prt(x) printf("value of x is %d\n", x)
#include<stdio.h>
int main(void)
 {
   int x=2, y;
   prt(x);
   y=cube(x+3);
   prt(y);
   prt(cube(x)/2);
   return 0;
 }
```

(실행 결과)

```
value of x is 2
value of x is 125
value of x is 4
```

위 예에서 첫번째 #define의 치환리스트 내용을 다음과 같이 바꾸어 보자.

```
#define cube(x)   x*x*x
```

출력 결과는

```
value of x is 2
value of x is 17
value of x is 4
```

로 출력된다. 이 경우 cube(x+3)의 전개식은 5*5*5가 아니라 2+3*2+3*2+3으로 17의 값이 도출된다. 여기서 우리는 치환수식에서 ()를 사용하는 것이 얼마나 중요한가를 알 수 있게 된다. 또한 첫 번째 #define문의 치환 수식에 원래대로 괄호를 붙인 후 두 번째 #define문의 치환 리스트에 #연산자를 도입하여 다음과 같이 기술한 경우에 대해서 살펴보자.

```
#define prt(x) printf("value of "#x" is %d\n", x)
```

출력 결과는

```
value of x is 2
value of y is 125
value of cube (x)/2 is 4
```

로 된다.

여기서 # 연산자를 치환 리스트 내에 도입함으로서 매크로 함수의 실인수를 그대로 문자열로 바꾸어 변환시킬 수 있음을 알 수 있다. 즉 치환 리스트 내의 #가인수는 실인수로 전개된다.

예 제 9-2 매크로 사용

```
#define AND &&
#define OR ||
#include<stdio.h>
int main(void)
```

```
{
  int i, j;
  for(i=0; i<=1; i++)
     for(j=0; j<=1; j++)
        printf("%d  %d  %d  %d\n",i,j,i AND j,i OR j);
   return 0;
}
```

(실행 결과)

```
0 0 0 0
0 1 0 1
1 0 0 1
1 1 1 1
```

다음에 조건식 연산자를 이용하여 유용하게 사용되는 최대치 탐색, 절대치 계산, 소문자 판별 등의 매크로 함수를 정의해 보자.

```
#define MAX(x, y) ((x) > (y) ? (x) : (y))
#define ABS(x) ((x) > 0 ? (x) : (-x))
#define ISLOWER(x) (((x) >= 'a') && ((x) <= 'z'))
```

상기 소문자 판별 매크로를 이용하여 소문자를 대문자로 바꾸는 매크로를 정의한 후 입력 문자열을 모두 대문자로 바꾸는 프로그램을 작성해 보자.

예 제 9-3 소문자를 대문자로 변환

```
#include <stdio.h>
#define ISLOWER(x) (((x) >= 'a') && ((x) <= 'z'))
#define TO_UPPER(x) (ISLOWER(x) ? (x)-'a'+'A' : (x))
int main(void)
 {
```

```
    int ch;
    while((ch = getchar()) != EOF)
        putchar(TO_UPPER(ch));
    return 0;
 }
```

입력 자료로서 위 예제의 source 프로그램을 입력하여 다음과 같이 실행한다.

a.out 〈 test9-3.c 〉 test9-3.out

출력 자료 test9-3.out의 내용은 다음과 같다.

```
#INCLUDE<STDIO.H>
#DEFINE ISLOWER(X) (((X)>='A') && ((X)<='Z'))
#DEFINE TO_UPPER(X) (ISLOWER(X) ?  (X)-'A' + 'A' : (X))
 INT MAIN(VOID)
     {
             INT CH;
             WHILE((CH = GETCHAR()) != EOF)
                 PUTCHAR(TO_UPPER(CH));
             RETURN();
     }
```

예 제 9-4 swap() 매크로 이용

```
#define swap(i, j, k) {   k=i; i=j;  j=k; }
#include<stdio.h>
int main(void)
 {
   int x=10, y=20, k=0;
```

```
    printf("x = %d    y = %d\n", x,y);
    swap(x, y, k);
    printf("x = %d    y = %d\n", x,y);
    return 0;
}
```

(실행 결과)

```
x = 10    y = 20
x = 20    y = 10
```

앞서 설명한 매그로 힘수의 특징을 요약하변 다음과 같다.

(1) 매크로 함수는 함수와 같은 기능을 수행하나 인수나 반환치의 전달이 없음으로 실제 함수에 비해 신속하게 처리된다.

(2) 매크로 함수는 문자열이 복잡하거나 프로그램에서 빈번하게 사용되는 경우, 치환 리스트로 전개된 이후의 프로그램 규모가 커지기 때문에 컴파일 소요시간이 길어진다. 따라서 복잡한 구조로서 사용 빈도가 큰 매크로는 함수로 성의해서 사용하는 것이 바람직하다.

(3) 프로그램의 표기를 간결하게 함으로서 수정이 용이 하다.

9.2 #include

이제까지 선행처리 지시자인 #include문은 프로그램 작성 할 때 마다 다음과 같이 많이 사용해왔다.

```
#include <stdio.h>
#include <math.h>
```

본 절에서는 그 기능에 대해서 더 자세히 알아보기로 한다.

#include문의 형식은 다음과 같다.

(형식)

```
#include 〈파일명〉
#include "파일명"
```

#include는 파일명으로 지정한 파일을 실행 대상의 프로그램 내에 삽입시켜 이용하는 기능을 제공한다.

예로서 다음 프로그램을 살펴보자.

```
/* test #include */
#include 〈stdio.h〉
 int main(void)
  {
            :
            :
       putchar(getchar());
            :
            :

  }
```

위 예에서는 #include문장에 의해서 제어명령문 라인(control line)

```
#include 〈stdio.h〉
```

의 위치에 운영체제의 시스템 디렉토리에서 제공하는 여러 헤더(header)파일 중 하나인 stdio.h파일의 내용이 복사되어 치환된다. 따라서 선행 처리 작업 이후의 프로그램 상태는 다음과 같다.

```
/* test #include */
```

stdio.h 파일의 전체 내용

```
int main(void)
    {
              :
         putchar(getchar());
              :
    }
```

두 번째 include 형식

#include "파일명"

은 사용자가 작성한 헤더 파일을 이용하는 경우로서 호출 대상이 되는 헤더(header) 파일을 현재 작업 중인 사용자 디렉토리에서 탐색하고 거기서 호출대상 파일을 찾지 못하면 시스템 디렉토리를 검색한다. 다음은 현재 작업 중인 디렉토리 내에 sea.h 라는 사용자가 작성한 헤더 파일을 작성하여 이용한 경우의 예이다.

#include "sea.h"

한편 현재 작업 중인 디렉토리 이외의 다른 디렉토리 예로서 /work에 존재하는 base.h라는 사용자가 작성해 놓은 헤더 파일을 사용할 경우는 다음과 같이

#include "c:/work/base.h"

해당 경로명을 지정해 주어야한다.

#include 〈파일명〉

위 형식은 시스템에 따라서 다르지만 시스템에서 제공하는 여러 헤더 파일이 수록된 표준 디렉토리에서 호출 대상 파일을 찾는다.

unix의 경우 /usr/include가 시스템에서 제공하는 헤더 파일이 존재하는 표준 디렉토리이다.

9.3 #undef

#undef문은 #define문에 의해서 정의된 매크로를 취소시키는 기능을 갖는다.

(형식)

```
#undef  매크로명
```

따라서 #undef문은 이미 정의된 매크로나 상수를 재정의 할때 사용되며 그 예를 보이면 다음과 같다.

```
#define CUB 3
#undef CUB
#define CUB 10
```

매크로명 CUB는 앞에서 3으로 정의가 되어 있으나 그 다음 문장 #undef의 사용으로 정의된 매크로가 해제되어 매크로명 CUB는 정의되지 않은 상태(undefined)로 된다. 필요에 따라 다시 상수값을 주어 다시 재정의 할 수 있다.

예 제 9-5 #undef의 사용

```
#define WELP 10
#define WELP 15
#define WELP
 #include<stdio.h>
 int main(void)
  {
    printf("WELP = %d\n", WELP);
    return 0;
  }
```

(실행 결과)

```
(W) Macro name WELP has been redefined.
(S) Undeclared identifier WELP
```

9.4 #if, #else, #elif, #endif

선행 처리기는 조건부 컴파일을 가능케 하는 몇 가지 기능을 제공하고 있다. 조건부 컴파일 지시자는 #if, #else, #elif, #endif가 있으며 이것들을 이용하여 원시 프로그램을 부분적으로 선택하여 컴파일을 할 수 있다.

다음에 그 형식을 보인다.

```
#if 상수 수식
        문장1;
#else
        문장2;
#endif
```

문장 1이 컴파일 되기 위해서는 #if 다음의 상수 수식의 평가 결과가 참(≠0)이어야 한다. 만약 상수 수식의 평가 결과가 0인 경우 #else이하의 문장2를 컴파일 한다.

#endif는 #if문의 끝을 나타내기 때문에 생략하지 못하며 #if ~ #else ~ #endif 또는 #if ~ #endif등의 형식으로 사용된다.

(예)

```
#if sys == "IBMPC"
#include 〈conio.h〉
#else
#include 〈curses.h〉
#endif
```

위의 문장은 만약 매크로 sys가 "IBMPC" 라는 문자열로 정의되어 있다면 #include 〈conio.h〉라는 문장이 실행되고 그렇지 않다면 다음의 #include 〈curses.h〉라는 문장을 실행하게 될 것이다.

한편, #elif 문은 #if와 #endif블럭 내에서 elseif의 의미로 C언어의 if-else 명령문과 비슷하게 사용된다.

사용 예는 다음과 같다.

```
#if CODE == "DC4"
    int CHR = 14;
#elif CODE == "SI"
    int CHR = 15;
#else
    int CHR = 18;
#endif
```

만약 매크로 CODE가 "DC4"라는 문자열로 정의 되어있다면 문장 int CHR = 14;이 컴파일 되고 CODE가 "SI" 로서 정의되어 있다면 문장 int CHR = 15; 이 컴파일 되고 그렇지 않다면 문장 int CHR =18;이 컴파일 된다.

9.5 #ifdef, #ifndef

#ifdef와 #ifndef는 조건부 컴파일 지시문의 하나로 그 형식은 다음과 같다.

(형식)

```
# ifdef 매크로명
    문장
# endif
```

```
# ifndef 매크로명
    문장
# endif
```

#ifdef문은 해당 매크로명이 #define에 의해서 이미 정의되어 있다면 문장을 컴파일하고 정의되지 않았다면 문장의 컴파일이 생략된다.

#ifndef문은 #ifdef문의 기능과는 반대로 해당 매크로명이 #define문으로 정의되지 않은 경우에만 문장을 컴파일한다.

다음에 #ifdef와 #ifndef의 사용 예를 들어보자.

(예) #ifdef 사용 예

```
#define DATE 1
#ifdef DATE
  MAX_DAY = 30;
#endif
```

(예) #else와 결합된 #ifdef

```
#define DATE 1
#ifdef DATE
  MAX_DAY = 30;
#else
  MAX_DAY = 0;
#endif
```

위 예에서는 MAX_DAY = 30; 이 컴파일 된다. 만약 #ifdef DATE 문장 대신 #ifndef DATE 문장을 사용하게 되면 MAX_DAY = 0;이 컴파일 된다.

예 제 9-6 #ifndef의 사용

```
#define SYS1  "VOICE"
#include<stdio.h>
int main(void)
 {
   #ifndef SYS1
   printf("Set in for Voice card\n");
   #endif
   return 0;
 }
```

위 예제는 SYS1이 #define 문장에 의해 정의되었기 때문에 printf()문을 컴파일하지 않는다. 따라서 실행 결과는 존재하지 않는다.

단, 문장 #ifndef SYS1을 #ifdef SYS1로 수정 후 실행시키면 다음과 같은 출력 결과를 가질 수 있다.

Set in for Voice card

9.6 #line

#line은 컴파일러가 내부에서 인식하고 있는 원래의 소스 프로그램의 라인번호(line number)와 소스 프로그램의 파일명 대신에 임의의 라인 번호와 파일명을 지정하여 사용하도록 한다.

파일명은 생략할 수도 있다.

(형식)

```
#line  라인번호 "파일명"
```

일반적으로 지정한 라인 번호와 파일명은 프로그램 실행시 보이지 않게 되지만 컴파일 에러가 발생되면 구문 에러 또는 경고 메시지 문장에 에러 발생 장소를 참조하기 위해 #line 문으로 부여한 라인번호와 파일명을 인용하게 된다.

test.c라는 파일명을 갖는 다음 프로그램을 생각해 보자.

예 제 9-7 #line 사용

```
/*  #line에 의한 가상 라인번호 부여   */
#define p(x,y) (x)+(y)
 int main(void)
  {
     int i, j;
     i = 30;
```

```
07        j = 20;
08        #line 770 "tline.c"
09        j = 30 + 20     /*  ; missing  */
10        printf(" i+j = %d p(x, y) = %d\n",
11        i+j, p(i, j));
12    }
```

(실행 결과) 에러 메시지

```
"tline.c", line 771.1: 1506-046(s) syntax error
"tline.c", line 771.40: 1506-046(s) syntax error
```

위 예제에서 원래의 라인 번호 08은 #line문으로 라인 번호가 770으로 재지정되었으므로 원래 프로그램 소스의 라인 번호 09의 문법적 에러메시지는 "test.c"의 09 라인이 아닌 "tline.c"의 771라인에서 에러메시지가 발생한 것으로 나타난다.

연습문제

1. 다음 매크로 상수의 사용 예 중에서 잘못된 것은?

   1) #define MY SCORE 0

   2) #define EQ ==

   3) #define NOW 1999

      #define NEXT NOW+1

   4) #define CONTINUE "Next Line to\

      continue."

2. 다음 내용을 만족하는 #define문을 작성하라.

   1) 문자열 "Good Soil"을 나타내는 MSG

   2) 실수 상수 175.1을 나타내는 HEIGHT

   3) $(x^2+y^2)^{1/2}$을 구하는 SF(x, y)

   4) 인수의 제곱을 출력하는 PR(x)

3. 다음 프로그램의 실행 결과는?

```
#define pr(x) printf(#x "is %d\n", x)
#define pr1(x) printf("x is %d\n", x)
#include<stdio.h>
int main(void)
{
        pr(4*6);
```

```
        pr1(4*6);
        return 0;
}
```

4. 다음 프로그램 앞에 다음과 같은 #define문을 각각 기술할 경우 실행 결과는?

(1) #define DEBUG 1

(2) #define DEBUG 0

```
#include<stdio.h>
int main(void)
{
        printf("No = %d\n", 1234);
        #if DEBUG
        printf("No accident!\n");
        #endif
        return 0;
}
```

5. 다음 문장의 실행 결과는? 또한 문장 중 문장 #ifndef STAR을 #ifdef STAR로 바꾸면 실행 결과는?

```
#define STAR 5
#include<stdio.h>
int main(void)
{
        #ifndef STAR
                printf("print    1. statement\n");
```

```
        #else
            printf("print    2. statement\n");
        #endif
        return 0;
}
```

6. 다음 프로그램의 실행 결과는?

```
#define COIN 20
#define P(x) printf("status is %d\n", x)
#include<stdio.h>
int main(void)
{
        #if COIN == 10
            P(1);
        #elif COIN == 13
            P(2);
        #else
            P(3);
        #endif
        return 0;
}
```

7. 문제 6번을 UNIX의 cc나 xlc를 이용하여 컴파일할 경우 xlc -E 파일명.c로 명령을 내리면 소스 파일이 매크로의 전개 상태로 화면에 출력된 후 컴파일된다. 화면에 나타나는 소스파일을 기술하라.

8. 다음 프로그램의 실행 결과는?

```
#define pr(x) printf("The value of  "#x" is %d\n", x)
#define DAY 15
#include<stdio.h>
int main(void)
{
        void add(int);
        pr(DAY);
        #if DAY > 20
        add(10+DAY);
        #endif
        return 0;
    }
void add(n)
int n;
{
        pr(n);
}
```

9. 다음 프로그램의 실행 결과는?

```
#define PR(n,x)  printf("value of "#n" : %d", x)
#define PR2(n1,x1,n2,x2) PR(n1,x1); PR(n2,x2)
#define PR3(n3,x3,n5) PR(n3,x3); PR(n3,x3,n5,x3+x3)
#include<stdio.h>
```

```
int main(void)
{
        PR2("a", 1, "b",2);
        PR2("c", 3, "d",4);
        return 0;
}
```

10. 다음 매크로 함수 정의가 올바른가?

```
#define ISLOWER(x) x >= 'a' && x <= 'z'
```

인수 x를 표현하는데 있어서 괄호가 필요하다면 그 필요성을 입증하는 예를 들어 설명하라.

Chapter 10

구조체와 공용체

여러 개의 동질의 자료를 구성 원소로 하여 같은 변수 명칭하에 첨자를 붙여 사용하는 배열에 대해서는 이미 공부한 바 있다. 이 장에서는 서로 다른 자료형에 의해서 정의된 여러 개의 변수 집합을 구성원소로 하여 새로운 하나의 이름으로 불려지는 구조체 자료의 정의와, 구성원소인 멤버(member)의 접근에 사용되는 멤버 연산자 "." 또는 구조형 포인터 "->", 등 구조체 자료에 대한 전반적인 것을 다루고 기억장소 영역을 공유하는 union에 관한 사항을 설명하기로 한다.

10.1 구조체(Structure)의 개요

프로그램으로 처리해야 될 데이터 양이 많아지면 정보의 구성과 표현을 용이하게 할 수 있도록 연관성 있는 자료 항목들을 모으게 된다. 이른바 자료구성 체계 방식으로 설명하면 "의미를 갖는 단위 정보 항목들을 묶어" 레코드로 정의한다. 이러한 레코드 형태의 자료를 Pascal 언어에서는 레코드(record) 자료형으로 표현하고 있으며 C언어에서는 구조체 자료형으로 처리하고 있다. 예로서 어떤 단체의 회원 주소록에 관한 정보를 프로그램을 작성하여 저장하려고 할 때 회원 한 사람이 갖는 연관된 자료 항목은 다음과 같다.

회원 개인에 관한 자료

이 름	성 별	나 이	주 소

와 같이 개인에 관한 정보로 이름, 성별, 나이, 주소가 있을 때 이를 4개 항목의 정보를 효율적으로 관리하기 위하여 여러 가지 프로그램 처리 방법을 들 수 있으나 항목별로 배열을 이용하는 방법을 생각해 볼 수 있다.

예 제 10-1 배열을 이용한 항목 처리

```
#define MAX 100
          :
          :
```

```
        char name[MAX][15]
        char gender[MAX][15]
        int  age[MAX]
        char addr[MAX][30]
```

위와 같이 배열을 이용하여 관리할 경우 프로그램 작성자는 회원 한 개인에 대한 전체 자료를 파악하기 위하여 관련 항목의 배열을 일일이 참조해야만 하며, 항목별 자료의 상호 연관성과 구조 표현을 객관적으로 나타내어 이해할 수 있도록 하기에는 무리가 따른다. 따라서 이러한 문제점을 해결해주는 C의 구조체 자료 형식을 이용함으로서 앞서의 주소록 정보는 다음과 같이 표현할 수 있다.

예제 10-2 구조체를 이용한 항목 처리

```
#define MAX 100
        :
        :

struct fellow{
    char name[15];
    char gender[15];
    int  age;
    char addr[30];
  } worker[MAX];
```

위 구조체 표현에서는 연관된 자료 항목 이름, 성별, 나이, 주소를 나타내는 변수 name, gender, age, addr가 자료형은 서로 다르지만 하나의 단위로 묶어져 표현되는 구조로 되어있다.

이러한 구조체 자료를 어떻게 정의하고 사용하는지에 대해서 알아보자.

10.2 구조체의 정의

구조체의 변수를 정의하는 방법을 설명하기 전에 구조체의 형틀(template)을 선언하는 방법에 대해 알아보기로 한다. 구조체의 선언 형식은 다음과 같다.

(형식)

```
struct  tag명
        {  멤버 선언 리스트  };
```

여기서 struct는 구조체 형식을 선언하기 위해 사용되는 예약어이며 tag(태그)명은 선언하고자 하는 구조체의 형틀 명칭으로 사용자가 정의한다.

멤버선언 리스트는 해당 구조체를 구성하는 원소들을 나열하는 부분으로 "자료형 변수명"형식으로 { }속에 기술한다. 앞서 언급한 주소록 문제의 예를 참조하여 구조체의 선언 예를 들어 보자.

예 제 10-3 **구조체 선언 예**

```
struct fellow{      /*  구조체 tag명 (struct tag) */
        char name[15];      ┐
        char gender[15];    ├ 구조체의 멤버
        int  age;           │ (member)선언
        char addr[30];      ┘
    };
```

위 예제에서 구조체 태그명은 fellow이며 name, gender, age, addr은 구조체의 member명칭이다. 위 예는 컴파일러에게 단지 구조체 fellow의 설계구조가 어떤 형식인지를 알려주는 역할만을 하기 때문에 기억 영역은 실제로 사용하지 않는다. 즉, 구조체 형틀의 선언으로는 기억 장소가 할당되지 않고 선언된 구조체를 자료형으로 삼아 어떤 변수나 배열 등을 선언할 때만 실제로 필요한 기억 장소가 확보된다.

구조체 변수를 선언하는 형식은 다음과 같다.

(형식)

```
(1)  struct tag명
           {
             멤버 선언 리스트
           } 변수명 리스트;

(2)  struct {
                멤버 선언 리스트
           }  변수명 리스트;

(3)  struct tag명 변수명 리스트;
```

앞에서 형식(1)은 구조체 형틀의 선언과 동시에 그 구조체를 자료형으로 갖는 변수를 선언하는 형식이다. 그 예는 다음과 같다.

예제 10-4 구조체 변수 선언 형식(1)

```
struct fellow{
    char name[15];
    char gender[15];
    int  age;
    char addr[30];
  } pal, company, worker[10];
```

위 예에서 구조체 fellow형의 선언과 그 형의 자료구조를 갖는 구조체 변수 pal, company및 구조체 배열 변수 worker가 선언된다.

fellow형 구조체 변수 pal, company의 기억장소 할당 구조는 다음과 같다.

기억공간	15byte	15byte	4 or 2byte	30byte
자료형	char형	char형	int형	char형
멤버형	name	gender	age	addr

그림 10.1 fellow형 구조체 변수의 기억 장소

두 번째의 형식(2)는 구조체의 형틀 선언시 구조체 태그명을 생략하고 그 형의 구조체 변수를 선언한 예로서 이 경우에는 구조체 태그명을 이용하여 다른 곳에서 새로운 구조형 변수를 선언할 수 없는 제약이 따른다.

그 예는 다음과 같다.

예 제 10-5 구조체 변수 선언 형식(2)

```
struct {
    int x;
    float y;
    char z;
  } s1, s2, *ps;
```

위 예제에서 구조체 태그명은 없지만 구조체 변수 s1, s2, *ps가 선언되었다. 변수 s1, s2와 포인터 변수 ps외에 선언된 구조체 형식과 동일한 새로운 변수 선언이 필요할 경우에는 위의 구조체 형틀을 다시 기술해야 한다.

세번째로 구조체 형식(3)은 미리 정의한 구조체 태그명을 이용하여 그 형식을 갖는 변수를 선언하는 방식으로 즉, 구조체 형식(1)의 형틀을 사용하는 것으로 선언예는 다음과 같다.

예 제 10-6 구조체 변수 선언 형식(3)

```
struct fellow student[50], comrade;
```

위 예에서는 구조체 fellow형 자료 구조를 갖는 구조체 배열 변수 student[0] ~ student[49]와 comrade변수가 선언되며 그 변수를 위한 기억 장소가 할당되게 된다.

앞서 언급한 바와 같이 구조체 변수를 선언하는 형식(3)의 경우에는 선언시 자료형으로 참조하는 구조체 tag의 형틀 선언이 반드시 선행되어야한다.

또한 형식(2)의 경우에는 차후에 변수 선언 등의 융통성을 가질 수 없기 때문에 태그명을 포함하여 기술하는 것이 바람직하다. 멤버명은 해당 구조체 내에서 유일하며, 서로 다른 구조체에서 동일 멤버명이 있는 경우에는 별개의 명칭으로 취급되어 각각 다른 기억 장소를 할당 받아 사용하기 때문에 혼동될 우려는 없다.

예 제 10-7 **서로 다른 구조체의 동일 멤버명**

```
struct condiment {            /* 구조체 형식 선언 */
            char pepper[15];
            float quantity;
          } a,b ; /* 구조체 변수 선언 */
struct season {              /* 구조체 형식 선언 */
          char catsup[15];
          float quantity;
        } c,d;    /* 구조체 변수 선언 */
     float x, y, quantity;    /* 일반 변수 선언 */
```

위 예에서 구조체 condiment형의 멤버 quantity와 구조체 season형의 멤버 quantity, 그리고 일반 float형 변수로 선언된 quantity변수는 동일한 명칭이지만 서로 다른 구조에 존재하며 지정하는 방식이 서로 다르기 때문에 컴파일러가 별개의 독립된 장소를 할당한다.

10.3 구조체의 초기화

기억 부류가 외부와 정적으로 선언된 구조형 변수에 대해서 초기화가 가능하며 구조체의 초기화 방법은 일차원 배열을 초기화하는 방식과 비슷하다. 초기자는 구조체 멤버의 데이터형과 서로 일치해야하며 초기자의 개수를 멤버의 개수보다 적게 지정하면 여분의 멤버는 0으로 초기화된다. 각 멤버에 대응하는 초기자는 { }를 사용하여 정의한다.

그 형식은 다음과 같다.

(형식)

```
(1)   struct  tag명

              {
                 멤버 선언 리스트
              }  변수명리스트 = { 초기자 리스트 };


(2)   struct  tag명   변수명리스트 = { 초기값 };
```

예 제 10-8 초기화 예제 1

```
struct fellow{
            char name[15];
            char gender[15];
            int age;
            char addr[30];
            } pal = {"김아름","female",22,"대전시"};
```

예 제 10-9 초기화 예제 2

```
struct fellow worker[3] = {
        {"김신의", "man", 21, "서울시"},
        {"박미나", "man", 22, "전주시"},
        {"이성실", "female", 20, " 광주시}};
```

예 제 10-10 초기화 예제 3

```
struct mat{
            float x;
            int y;
           } b= {0}    /* 모든 멤버를 0으로 초기화 */
struct mat line[2][3] = {
                         {{1.5,7,},{4.6,8},{6.5,9}},
                         {{2.8,4},{3.6,5}}}};
```

위의 경우 변수 b의 모든 멤버와 line[1][2]요소는 0으로 초기화된다.

10.4 멤버(Member)의 접근 방법

구조체의 구성 요소인 멤버를 참조하기 위해서는 구조체 멤버 연산자 (member operater) "." 가 사용된다. 형식은 다음과 같다.

(형식)

```
구조체  변수명.멤버명
```

다음과 같은 구조체에서 멤버 x, y를 참조하는 예를 들어보자.

예 제 10-11 구조체 멤버 참조(1)

```
struct complex {        /* 구조체 형틀 선언 */
                  double x;
                  double y;
                  } z;    /* 구조체 변수 선언 */
z.x = 10.5 ; /* 구조체 변수 z 내 멤버 x 에 10.5를 배정 */
```

```
z.y = 20.6 ; /* 구조체 변수 z 내 멤버 y 에 20.6을 배정 */
printf("z.x = %lf z.y = %lf\n", z.x ,z.y);
                /* 구조체 변수 z 내의 멤버 x, y 값을 출력 */
```

예 제 10-12 구조체 멤버 참조(2)

```
#include <stdio.h>
struct employee {
                char name[15];
                int age;
                };
 int main(void)
 {
    struct employee choi, student[10];
    strcpy(choi.name,"Choi Sang Nam");
    choi.age = 20;
    printf("name : %s\n",choi.name);
    printf("age : %d\n",choi.age);
    choi.name[0] ='K';
    choi.name[1] ='i';
    choi.name[2] ='m';
    choi.name[3] ='';
    student[3].age = 21;
    printf("name : %s\n", choi.name);
    printf("age : %d\n", student[3].age);
    return 0;
 }
```

(실행 결과)

```
name : Choi Sang Nam
age : 20
name : Kim
age : 21
```

위에서 멤버 자체가 배열인 경우에는 choi.name[0]과 같이 첨자를 붙일 수 있으며 구조체 변수가 배열 변수일 경우의 멤버 접근 시는 student[3].age 등으로 접근한다.

10.5 구조체의 배열과 포인터 사용

구조체의 배열은 일반 배열과 같은 방식으로 선언하여 사용할 수 있으며 예를 들면 다음과 같다.

예 제 10-13 구조체의 배열

```
#include <stdio.h>
struct employee {
            char name[15];
            int age;
            int salary;
            };
      struct employee club[10];
```

위에서는 구조체 employee형의 요소 10개를 갖는 구조체 배열 변수 club을 선언한다. club의 각 요소는 employee 구조형틀을 갖으며 그림 10.2로 나타내면 다음과 같다.

	name	age	salary
club[0]	club[0].name	club[0].age	club[0].salary
club[1]	club[1].name	club[1].age	club[1].salary
club[2]	club[2].name	club[2].age	club[2].salary
		⋮	
club[9]	club[9].name	club[9].age	club[9].salary

그림 10.2 구조체 배열의 표현

예제 10-13에 대한 구조체 배열 변수의 초기화는 다음과 같이 할 수 있다.

(방법 1)

```
struct employee club[5]= {{"Lee", 30, 800 },
                          {"Park", 28, 760},
                          {"Choi", 29, 780},
                          {"Kim", 25, 750},
                          {"Nam", 27, 770}};
```

(방법 2)

```
struct employee club[5]= {"Lee", 30, 800 ,
                          "Park", 28, 760, "Choi", 29, 780,
                          "Kim", 25, 750, "Nam", 27, 770};
```

배열 변수 club의 요소에 대한 접근은 다음과 같이 멤버 연산자를 통해서 이루어진다.

```
club[0].name   /* 첫 번째 요소의 name 멤버 접근 */
club[4].age    /* 다섯번째 요소의 age 멤버 접근 */
```

가령 세번째 요소의 name멤버를 접근하는데 다음의 표현식은 무엇인가?

printf("%c", club[2].name[2]);

이 표현은 세 번째 요소의 name 멤버의 문자 배열 요소 중 세 번째 문자를 출력한다. 즉 문자 'o'를 출력하게 된다. 또한 다음 식

club[3].salary = 760;

은 네 번째 배열 요소의 salary멤버에 760을 배정한다. 구조체에서는 포인터를 사용할 수 있으며 앞서의 예제 자료를 인용하여 다음 예제에서 구조체의 포인터 변수 선언과 사용예를 보인다.

예 제 10-14 구조체의 포인터 사용

```
struct employee{
                char name[15];
                int age;
                int salary;
                };
#include <stdio.h>
int main(void)
 {
   struct employee club[3] = {
                              {"Lee", 30, 800 },
                              {"Park", 28, 760},
                              {"Choi", 29, 780}};
   struct employee *man;
   int i;
   man = &club[0];
   for( i=0; i<3; i++)
      printf("name : %s    age : %d    salary : %d\n",
                        (*(man+i)).name, (*(man+i)).age,
                        (*(man+i)).salary);
   return 0;
 }
```

(실행 결과)

```
name : Lee      age : 30      salary : 800
name : Park     age : 28      salary : 760
name : Choi     age : 29      salary : 780
```

예제 10-14에서

```
struct employee *man;
```

은 구조체 employee형 포인터 변수 man을 선언한 것이다. 따라서 구조체 포인터 변수 man은 구조체 employee형 변수를 가리키게 한다.

예제에서 문장

```
man = &club[0];     /* man = club; */
```

은 배열 변수 club의 첫 번째 요소 club[0]의 주소를 포인터 변수 man의 자료값으로 지정하는 것이다. 따라서 구조체 배열 변수의 각 요소를 가리키기 위하여 다음과 같이 포인터 식을 이용한다.

```
man+1 == &club[1]
man+2 == &club[2]
  :         :
man+i == &club[i]
```

즉, 포인터 변수를 이용한 표현식 m+i는 배열 club의 i번째 요소를 가리키는 셈이다.

10.6 구조체 포인터 연산자(->)의 이용

구조체 포인터 연산자(->)는 구조체 변수를 포인터에 의해 접근할 때 사용한다. 앞서의 예제에서 club[0]의 age멤버를 지정하려면 "." 연산자를 이용하여 club[0].age와 같이 표현할 수 있다.

앞 절의 문장에서

```
man = &club[0];
```

은 포인터 변수 man이 구조체 배열 변수 club[0]요소를 가리키도록 하는 것으로 포인터 변수 man과 -> 연산자를 이용하여 club[0]의 age 멤버를 지정하면

```
man->age
```

와 같다. 따라서 ->은 간접(indirect)멤버 연산자라고도 불려진다. 여기서 *연산자를 이용하여 구조체의 멤버를 접근해 보도록 하자.

앞서의 문장에서

man == &club[0] 이므로

*man == *&club[0]

*man == club[0]의 관계가 성립된다.

따라서

```
club[0].age == (*man).age == man->age
```

로 표현할 수 있게 된다. 여기서 "*" 연산자보다 "." 연산자가 연산의 우선순위가 높기 때문에 ( )가 반드시 필요하다. 괄호가 없는 경우는 *(man.age)로 되어 의미가 전혀 달라지게 된다. "." 연산자와 "->"연산자는 C언어에서 사용하는 모든 연산자보다 우선순위가 높으며 왼쪽에서 오른쪽으로 결합된다. 다음 예제를 통하여 "." 연산자와 "->" 연산자의 사용 방법을 익히도록 하자.

다음과 같이 선언된 경우에 대해 살펴보자.

예제 10-15

```
struct employee *p;
struct employee porter = {"cha", 24, 850};
p = &porter;
```

위 예제에 대해 "." 연산자와 "->" 연산자를 사용하여 멤버를 참조하는 표현식을 정리해 보면 다음과 같다.

porter.name == p->name == (*p).name == "cha"

porter.age == p->age == (*p).age == 24

porter.salary == p->salary == (*p).salary == 850

예제 10-16 구조체 포인터 연산자 사용

```
#include <stdio.h>
struct size{
            int height;
            int weight;
           };
 int main(void)
  {
    struct size toy = {10,47}, dog;
    struct size *p = &toy;
    printf("height : %d    weight : %d\n",
           (*p).height, p->weight);
    dog = toy;
    printf("height : %d    weight : %d \n",
           dog.height, (*&dog).weight);
    return 0;
  }
```

(실행 결과)

```
height : 10    weight : 47
height : 10    weight : 47
```

예제 10-16에서 문장

```
dog = toy;
```

은 toy의 자료를 dog에 대입하는 경우로서 같은 형태의 구조체 변수끼리는 대입 연산자에 의한 복사가 가능하다.

10.7 구조체의 중첩

구조체의 멤버가 또 다시 하나의 구조체로 구성되어 있는 구조체를 중첩된 구조체라 부른다. 다음 예를 살펴보자.

예 제 10-17 구조체의 중첩 (1)

```
struct test{
          char name[15];  /* 이름 */
          char grade;     /* 등급 */
          int score;      /* 점수 */
         };
struct test mid;          /* 구조체 변수 선언 */
```

위 예제는 성적을 관리하는 구조체를 기술한 것으로서 성적에 관련되는 부분의 멤버만을 별도의 구조체로 표현하도록 해보자.

```
struct score_card{
        char grade;     /* 등급 */
        int score;      /* 점수 */
        };
struct test{
          char name[15];              /* 이름 */
          struct score_card math;    /* 성적 구조체 */
          };
struct test person;
```

위에서 struct test는 중첩된 구조체로 선언되었음을 알 수 있다. 이 구조체의 멤버 math는 구조체로 선언되어 있다.

다음 표현식

person.math.grade

은 구조체 변수 person에 있는 math의 grade를 참조한 것이다.

예 제 10-18 구조체의 중첩(2)

```
struct score_card{
                char grade;   /* 등급 */
                int score;    /* 점수 */
               };
struct test{
          char name[15];            /* 이름 */
          struct score_card math ;  /* 성적 구조체 */
         };
#include<stdio.h>
int main(void)
 {
   struct test person;
   struct test *sp = &person;
   gets(sp->name);
   scanf("%c %d", &sp->math.grade, &sp->math.score);
   printf("name : %s \n", person.name);
   printf("grade : %c    score : %d\n",
         person.math.grade, person.math.score);
   return 0;
 }
```

(실행 결과)

```
입 력       Kim
            A 98

출력결과    name : Kim
            grade : A  score:98
```

10.8 구조체와 함수

구조체를 하나의 함수에 국한하여 사용하는 방식과는 달리 구조체를 인수로 다른 함수에 전달하는 방법에 대하여 살펴보자. 구조체를 인수로 사용할 경우 값 전달에 의한 방법과 주소 전달에 의한 방법을 모두 사용할 수 있다.

다음 예를 살펴보자.

예제 10-19 값 전달 방식

```
#include <stdio.h>
struct book {    /* 구조체 선언 */
             char title[15];
             char author[15];
             int price;
            };
 int main(void)
 {
    void fun1(), fun2();
    struct book shop = {"English","Lee",15000};
    fun1(shop);   /* 변수 전체를 값 전달 */
    fun2(shop.title, shop.author, shop.price);
                /* 멤버 별로 값 전달 */
    return 0;
```

```
}
        /* function 1 */
        void fun1(x)
        struct book x;
        {
           printf("title : %s   author : %s   price : %d\n",
                          x.title, x.author, x.price);
        }

        /* function 2 */
        void fun2(a, b, c)
        char a[15], b[15];
        int c;
        {
           printf("title : %s   author : %s   price : %d\n",
                   a, b, c);
        }
```

(실행 결과)

```
title : English   author : Lee   price : 15000
title : English   author : Lee   price : 15000
```

예제 10-20 주소 전달 방식

```
#include <stdio.h>
struct book{
            char title[15];
            char name[15];
```

```
            int price;
          };
 int main(void)
  {
    void fun3(), fun4();
    struct book shop = {"History","Kim",13000};
    fun3(&shop);
    fun4(shop.title, shop.name, &shop.price);
    return 0;
  }

/* function 3 */
void fun3(px)
struct book *px;
  {
    printf("title : %s    name : %s    price : %d\n",
           px->title, px->name, px->price);
  }

/* function 4 */
void fun4(pa, pb, pc)
char *pa, *pb;
int *pc;
  {
    printf("title : %s    name : %s    price : %d\n",
                         pa, pb, *pc);
  }
```

(실행 결과)

```
title : History    name : Kim    price : 13000
title : History    name : Kim    price : 13000
```

일반적으로 구조체의 멤버 자료를 주소 전달 방식에 의해 함수에 전달하려면 번지

연산자 &를 반드시 붙여야 한다. 멤버가 문자 배열인 경우는 배열명 자체가 주소 상수를 의미하므로 &연산자를 붙이지 않는다. 값 전달 방식의 경우 구조체 내용의 변경이 한쪽 함수 내에서만 이루어지고 다른 함수의 구조체 내용에는 영향을 미치지 않아 독립성이 확보되어 프로그램 안정성이 향상되는 장점이 있으며 그 대신 구조체 자료의 크기가 클 경우 가인수에 주소만 전달하는 주소 전달 방식이 효과적이다.

다음은 함수에서 반환되는 자료가 구조체인 경우에 대해서 살펴보자.

예 제 10-21 구조체 반환 함수

```
#include <stdio.h>
struct book{
            char title[15];
            char name[15];
            int price;
           };
 int main(void)
  {
    struct book shop, fun5();
    shop = fun5();
    printf("title : %s    name : %s    price : %d\n",
          shop.title, shop.name, shop.price);
    return 0;
  }
struct book fun5()
  {
    struct book a;
    strcpy(a.name, "chung");
    strcpy(a.title, "mathmatics");
    a.price = 17000;
    return(a);
  }
```

(실행 결과)

```
title : mathmatics    name : chung    price : 17000
```

이 예제에서는 main()함수 선언부에서 이용하고자 하는 fun5()함수가 구조체 book형임을 정의하고 있으며 fun5()함수의 자료형은 반환 자료의 자료형에 종속되므로 구조체 book형이다.

10.9 구조체 배열을 함수에 전달

여기에서는 구조체 배열을 함수에 전달하는 경우에 대해서 생각해 보자.

구조체의 배열명은 자신의 주소를 나타내기 때문에 함수 호출문에서 실인수로 구조체 배열 변수명을 사용할 경우에는 가인수를 구조체 포인터로 사용하므로서 피호출 함수에서 호출 환경의 구조체 배열 변수의 원소 멤버를 접근할 수 있다.

다음 예를 살펴보자.

예제 10-22 함수에 구조 배열 전달

```
#include <stdio.h>
struct book{
            char title[15];
            char name[15];
            int price;
           };
 int main(void)
  {
    int add(struct book *);
    struct book rack[2] = {
                           {"cobol","Jung",19000},
                           {"C","Lee",12000}};
```

```
    printf("total cost : ₩ %d\n", add(rack));
    return 0;
  }

int add(a)
struct book *a;
  {
    int i, sum= 0;
    for( i=0; i<2; i++){
       sum += a->price;
       a++;
       }
    return(sum);
  }
```

(실행 결과)

```
        total cost : ₩ 31000
```

위 예제에서 main()함수에서 add()함수 호출시 사용한 실인수 rack은 구조체 book형 포인터 변수 a에 주소를 전달한다. 따라서 포인터 변수 a와 구조체 포인터 연산자 ->을 사용하여 호출 환경의 구조체배열 변수 요소 rack[0], rack[2]의 멤버를 접근할 수 있다. 즉 표현식 a->price 로서 rack[].price를 접근한다.

10.10 자신을 참조하는 구조체

구조체 중에서 자기 자신을 가리키는 포인터를 멤버로 가진 구조형을 자신을 참조하는 구조형(self-referential structure)이라 부른다. 이 구조체는 동일한 구조체 자료 연결시 포인터를 이용하여 순차적으로 연결시킬 수 있을 뿐만 아니라 이렇게 연결된 선형 연결 리스트의 요소를 삽입하고 삭제 할 수도 있다.

다음에 자신을 참조하는 구조체의 선언 예를 살펴보자.

```
struct linker {
        char name[15];
        int score;
        struct linker *next;
        };
```

위에서 linker형 구조체는 세 개의 멤버를 갖는데 next멤버는 자신과 동일한 다음 구조체 자료를 가리킨다.

다음은 3개의 구조형 자료가 멤버 next에 의해서 서로 연결된 상태의 예로서 linker형 구조체를 사용한 경우이다.

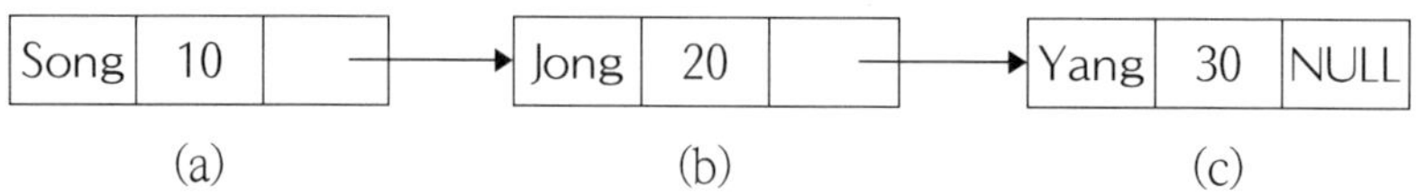

그림 10.3 연결 list

예제 10-23 자신을 참조하는 구조체

```
#include <stdio.h>
struct linker {
        char name[15];
        int score;
        struct linker *next;
       };
 int main(void)
  {
    struct linker a, b, c;
```

```
    strcpy(a.name, "Song");
    strcpy(b.name, "Jong");
    strcpy(c.name, "Yang");
    a.score = 10;
    b.score = 20;
    c.score = 30;
    a.next = &b;/* 독립된 구조체 자료를 list형태로 연결 */
    b.next = &c;
    c.next = NULL;
            /* 최종 구조체 자료의 next는 NULL임 */
    printf("a.score = %d, b.score = %d, c.score = %d\n",
        a.score, b.score, c.score);
    return 0;
}
```

(실행 결과)

```
a.score = 10, b.score = 20, c.score = 30
```

예제 10-23에서 연결 리스트의 각 요소의 멤버를 참조하는 식은 요소가 서로 next에 의해 연결되었으므로 리스트 요소 a를 이용하여 다음과 같이 표현 할 수 있다.

```
b.score == a.next->score
b.score  == (*a.next).score

c.score == a.next->next->score
c.score  == (*(*a.next).next).score
```

10.11 malloc()함수 이용

대체적으로 배열에 의한 기억 장소 할당 방법은 프로그램 실행 전에 미리 필요량 만큼을 선언에 의해서 확보하는 반면에 malloc()함수는 프로그램 실행 중에 지정한 만큼의 기억 공간을 동적으로 할당해준다.

(형식)

```
malloc(인수)
```

인수는 할당 기억 공간의 크기를 나타내는 바이트 수를 나타내며 malloc()함수는 할당 기억 공간의 첫 번째 주소를 char형으로 반환한다.

다음의 사용 예를 보인다.

```
int *p;
p  = (int*)malloc(30);
```

위 문장은 malloc()함수로 30byte의 기억 공간을 확보하여 그 장소의 선두 번지에 해당하는 char형의 반환 주소값을 정수형 cast 연산자(int*)를 이용하여 cast시켜 포인터 변수 p에 지정하도록 하는 것이다.

다음은 malloc()함수를 이용하여 연결 리스트를 생성하는 프로그램의 예를 보인 것이다.

예제 10-24 malloc()함수를 이용한 연결 list 생성

```
#include <stdio.h>
struct list{
          char data;
          struct list *next;
         };
 int main(void)
  {
    void print_list(struct list *);
```

```
    struct list *head, *create_list();
    static char x[7] = "faith";
    head = create_list(x);
    print_list(head);
    return 0;
  }

 struct list *create_list(a)
    char *a;
  {
    char *malloc();
    struct list *head;
    if (*a != '\0')
    {
       head = (struct list*) malloc(sizeof(struct list));
       head->data = *a;
       head->next = create_list(a+1);  /* 순환 호출 */
       return(head);
    }
    else
       return(NULL);
  }
void print_list(head)
struct list *head;
  {
    if (head != NULL)
    { printf("%c", head->data);
      print_list(head->next);   /* 순환 호출 */
    }
  }
```

(실행 결과)

```
faith
```

위 예에서 print_list()함수는 연결된 리스트 요소의 data 멤버를 출력하기 위한 것으로 순환 호출 함수로 작성되었다. 구조체 연결 리스트 내에 포인터 변수 q로 포인터 되는 새로운 리스트요소 c를 p1과 p2로 포인트 되는 연결 리스트 a, b 두 요소 사이에 삽입하고자 할 때는 다음 루틴이 필요하다.

```
p1 -> next = q;
q -> next = p2;
```

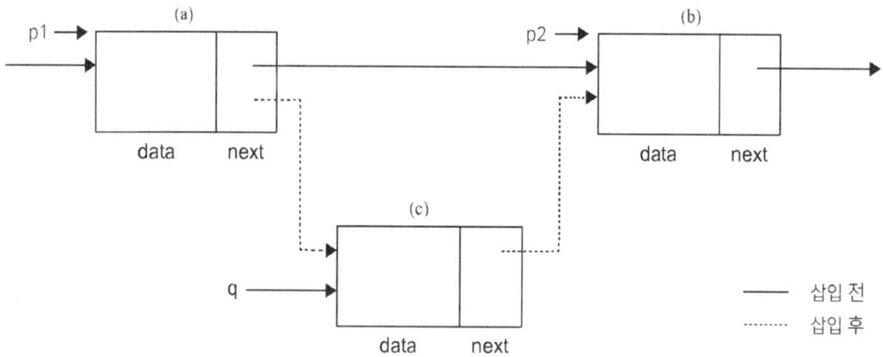

그림 10.4 리스트 요소의 삽입

리스트 요소가 a, c, b순으로 순차적으로 연결된 경우 요소 c를 삭제하고자 할 때는 다음 문장으로 삭제 작업을 수행 할 수 있다.

```
p1 -> next  =  p1 -> next -> next;
```

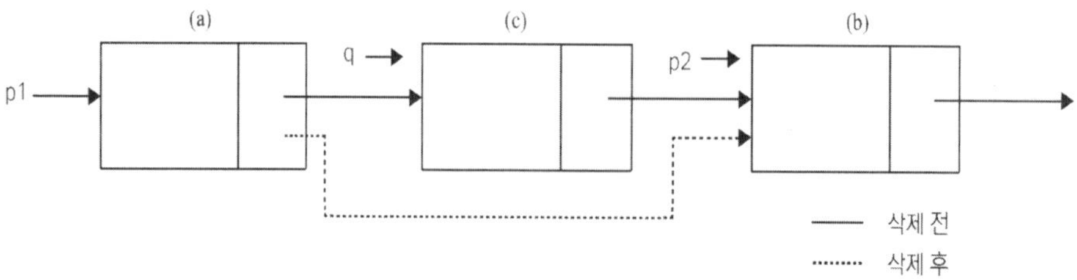

그림 10.5 리스트 요소의 삭제

10.12 공용체(Union)

지금까지는 변수가 한 자료형으로 선언되면 해당되는 자료형의 값에 한해서만 저장할 수 있었다. 그러나 어떤 동일한 기억장소를 서로 다른 데이터형 변수가 공동으로 사용하는 공용체라는 자료구조를 C언어에서는 제공하고 있다. 즉, 공용체는 하나의 기억장소를 char형, int형, float형, double형 등의 서로 다른 변수들이 공동으로 사용할 수 있도록 해준다. 선언 형식은 구조체의 경우와 유사하며 다음과 같다.

(형식)

```
(1) union 공용체 태그명 {
                    멤버 선언 리스트;
                 } 변수명 리스트;

(2) union 공용체 태그명 공용체 변수명 리스트;
```

```
예) union omnibus {    /* 공용체 형틀 선언 */
          char ch;
          int n;
          float f;
          };
```

공용체 omnibus형을 이용하여 다음과 같이 변수를 선언할 수 있다.

```
union omnibus y;     /* 공용체 변수 선언 */
union omnibus *p;    /* 공용체 포인터 변수 선언 */
union omnibus a[3];  /* 공용체 배열 변수 선언 */
```

공용체 변수 y에는 char형, int형, float형의 값이 모두 저장될 수 있다. 공용체 omnibus형 변수 y의 사용 예를 살펴보자.

```
y.ch = 'A';        /* 문자형으로 사용, 'A'기억 */
printf("%c\n", y.ch);
y.n = 325;         /* 정수형으로 사용, 325기억 */
printf("%d\n", y.n);
y.f = 3.1415;      /* float형으로 사용, 3.1415기억 */
printf("%f\n", y.f);
```

첫 번째 대입문에서는 공용체 변수 y에 문자형 자료 'A'가 대입되지만 대입문 y.n = 325; 에서는 이전에 기억되었던 'A'는 삭제되고 정수형 자료 325값이 기억된다. 공용체 변수 y는 멤버 중 크기가 가장 큰 float형 자료의 메모리크기 만큼의 장소를 할당 받는다. 실제로 변수 y가 char형으로 사용된 경우에는 4byte중 1byte의 메모리만 사용되고 나머지 3byte의 메모리는 사용되지 않는 셈이다. 공용체 멤버를 참조하는 방법은 구조체의 경우와 동일하여 다음과 같은 형식으로 "."와 "->"연산자를 이용한다.

(멤버의 접근 형식)

```
공용체명.멤버명

공용체포인터 ->멤버명
```

예로서 다음 문장은

```
p = &y;
printf("%f\n", p->f);
```

포인터 변수 p와 "->" 연산자를 이용하여 y.f를 출력하는 경우이다.

전술한 공용체 배열 변수 a는 3개의 요소를 갖으며 각 요소 공용체의 멤버들은 문자형, 정수형, float형 자료 중 한 개의 값을 선택적으로 가질 수 있다.

a[0].f = 36.72;

a[1].ch = 'k';

a[2].n = 13;

다음은 위와 같은 대입 문장의 기억 장소 자료 저장 상태를 나타낸 것이다.

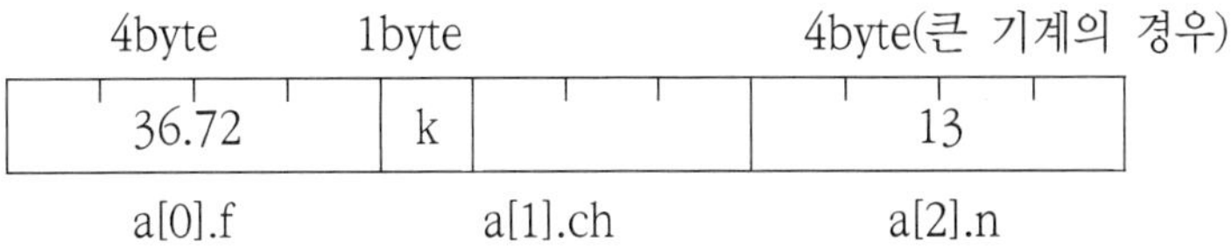

그림 10.6 공용체 배열 변수 a의 자료 기억 상태

예 제 10-25 공용체 배열의 사용 예

```
#include<stdio.h>
int main(void)
 {
   union array{
                int x[2][2];
                int a, b, c, d;
               };
   union array y = {1, 2, 3, 4};
   int i, j;
   for(i=0; i<2; i++)
   {
      for(j=0; j<2; j++)
         printf("x[%d][%d] = %d      ", i, j, y.x[i][j]);
         printf("\n");
   }
   return 0;
 }
```

(실행 결과)

```
x[0][0] = 1    x[0][1] = 2
x[1][0] = 3    x[1][1] = 4
```

위 예에서 공용체 변수 y는 첫 번째 멤버인 정수형 배열 x에 대해서만 초기화 된다. 공용체는 구조체와 더불어 함께 사용할 수 있다.

예 제 10-26 **공용체와 구조체의 병용**

```
struct para{
          char name[30];
          int age;
          };
union trip{
         char bus[15];
         int cost;
       };
struct packet{
           struct para a;
           union trip b;
           };
struct packet c;
```

위 예에서 변수 c는 구조체 packet형 변수로 변수의 멤버 a와 b는 각각 구조체 para형, 공용체 trip형 변수로 선언되어 사용됨을 알 수 있다.

10.13 typedef문

C언어에서는 자료형의 이름을 새롭게 명명할 수 있는 typedef문을 사용하여 프로그래머가 원하는 자료형의 이름을 새롭게 붙일 수 있다.

가령

typedef struct packet NEW;

이라고 선언하면 NEW라는 자료형을 사용하여 다음과 같이 기술함으로서

NEW x[5], k, *n;

배열 x, 포인터 변수 n, 변수 k 등을 struct packet형으로 선언할 수 있다. 특별히 자료형 중에서 구조체형(structure type)과 공용체형(union type)에

typedef문을 사용하는 것은 바람직하나 다른 자료형에 typedef문을 많이 사용하면 데이터형의 혼동을 초래할 우려가 있다.

다음에 typedef문의 사용 예를 들어보자.

예제 10-27 typedef문 사용 예

```
#include<stdio.h>
#include <string.h>
typedef union flower{
                    char name[15];
                    float f;
                    } DUMF;

 int main(void)
  {
    DUMF a;
    a.f = 32.567;
    printf("%f\n", a.f);
    strcpy(a.name, "Lee");
    printf("%s\n", a.name);
    printf("sizeof(DUMF) = %d\n", sizeof(DUMF));
    printf("a.name[0] = %c\n", a.name[0]);
    return 0;
  }
```

(실행 결과)

```
32.567
Lee
sizeof(DUMF) = 15
a.name[0] = L
```

typedef문은 함수 밖에서 선언하면 전역적으로 참조 가능하게 되지만 함수 내에서 선언되면 함수 내부에서만 참조된다.

10.14 비트 필드(Bit field)

일반적으로 참과 거짓의 값, 또는 1과 0의 flag자료를 나타내는데 int형 변수를 사용한다면 기억장소의 활용을 비경제적으로 하는 셈이 된다. C에서는 정수형 자료나 unsigned형 자료를 bit 단위로 처리하는 데이터 구조를 제공하며 그 형식은 다음과 같다.

(형식)

```
struct 구조체_tag{

        멤버선언 : 비트 수;
          :           :
          :           :
        멤버선언 : 비트 수;
        }
```

비트 필드의 형틀은 구조체의 경우와 유사하며 멤버 선언의 순서는 하위 비트로부터 상위 비트 순으로 정의한다. 다음의 예제를 통하여 bit field의 사용방법을 확실하게 이해하도록 하자.

예제 10-28 bit field의 사용 예

```
#include<stdio.h>
struct bitf{
          unsigned a: 1;
          unsigned b: 4;
          unsigned c: 2;
          } flag;
 int main(void)
  {
    flag.a = 1;
    flag.b = 9;
    flag.c = 3;
    printf("flag.a = %d, flag.b = %d, flag.c = %d\n",
    flag.a, flag.b, flag.c);
    return 0;
  }
```

(실행 결과)

```
        flag.a = 1, flag.b = 9, flag.c = 3
```

비트 필드는 비트 단위로 메모리에 할당되기 때문에 필드명에 고유번지를 참조하기 위하여 &를 사용하는 것은 의미가 없다. 즉, &flag.a는 사용 못하나 &flag는 참조가 가능하게 된다.

10.15 열거형(Enumeration)

열거형은 변수가 가질 수 있는 값을 사용자가 직접 열거하는 자료형으로서 그 변수는 나열한 값 중에서 하나의 값만 갖으며 그 형식은 다음과 같다.

(형식)

```
enum 열거형_tag {멤버1[= 초기순서값], 멤버2,...멤버n};
```

열거형의 각 멤버들은 사용자가 초치 순서값을 부여하지 않는 한 나열순에 따라서 0에서 부터 하나씩 증가하는 정수 값이 지정된다. 다음의 예제를 통하여 열거형의 사용 방법을 확실하게 이해하자.

예제 10-29 열거형의 사용 예

```
#include <stdio.h>
enum seasons { spring=1, summer, fall, winter };
char *season_name[] = { "봄 ", "여름", "가을 ", "겨울"};
 int main(void)
  {
     enum season i;
     for(i=spring; i<=winter; i++)
        printf("[%i]%s ", i,season_name[i-1]);
     printf("\n");
     return 0;
  }
```

(실행 결과)

```
[1]봄 [2]여름 [3]가을 [4]겨울
```

위 예제에서 열거 값 spring에 1의 값을 지정하지 않으면 0의 값으로 자동설정 된다. 열거형은 변수가 열거된 값만 취하므로 프로그램오류를 줄여준다.

연습문제

1. 다음 선언문에서 잘못된 부분을 옳게 수정하라.

```
union place{
        int i : 2;
        float *f;
        char *pc;
        } part = {1,4};
```

2. 다음 프로그램에 대해서 답하시오.

```
#include<stdio.h>
struct name{
        char alias[20];
        char true[20];
        };
struct sinwon{
        struct name handle;
        char favfood[20];
        char job[20];
        int age;
        };
 int main(void)
 {
```

```
        static struct sinwon man = {
                {"Kim","Hoon"},"bulgogi","merchant",56};
        static struct sinwon *p = &man;
        printf("name : %s\n", man.handle.true);
        printf("job : %s\n", man.job);
        printf("favfood : %s\n", man.favfood);
        printf("age : %d\n", man.age);
        return 0;
    }
```

(1) 이 프로그램의 실행 결과는?

(2) struct sinwon형 변수 man의 초기치 값을 scanf()으로 입력하는 문장을 기술하라.

(3) 구조체 포인터 변수 p를 이용하여 출력문의 출력항을 나타내어라.

(4) 변수 man을 배열 변수 man[3]으로 수정 선언하여 각 요소에 자료를 입력하고 출력하는 문장을 작성하라.

3. 다음과 같은 문장에서 아래 대입문의 의미는 무엇인가?

```
struct list{
        char data;
        struct list *p;
        };
struct list a, b[5], *ps = &a;
```

(1) `a.p = &b[3];`

(2) `b[2].data = 'k';`

(3) `a.p->data = 'A'+1;`

(4) ps->p = &b[2];

4. 다음 프로그램에 답하시오.

```
#include <stdio.h>
 int main(void)
 {
        typedef struct complex{
                double x, y;  }COMP;
        COMP z, *pz;
        pz = &z;
        z.x = 3.0;
        (*pz).y = 1.4;
        printf("z = %lf + j %lf\n", pz->x, pz->y);
        return 0;
 }
```

(1) COMP z, *pz; 에 대해서 설명하라.

(2) pz->x, pz->y에 상응하는 표현식을 *연산자를 이용하여 기술하라.

(3) typedef COMP *pc;라는 문장을 선언부에서 추가 시킨 후 포인터 변수 pz를 별개로 자료형 pc를 이용하여 선언하라.

5. 다음 프로그램을 보고 질문에 답하시오.

```
#include<stdio.h>
#define SIZE 5
struct member{
        char name[20];
```

```
            int score;
            };
    int main(void)
    {
            int grade(struct member *);
            struct member *pt,
            group[SIZE] ={
                    {"sunsin", 83},{"Malja",92},{"Kilok",87}};
            pt = group;
            printf("Above B : %d\n", grade(group));
            return 0;
    }
    int grade(a)
    struct member *a;
    {
            int i, cnt = 0;
            for(i=0; i<SIZE; i++)
            cnt += a[i].score >= 80;
                 return cnt;
    }
```

(1) 위 프로그램의 실행 결과는?

(2) main()함수에 다음 문장을 추가 했을 경우 출력 자료는?

```
printf("%s\n", group[1].name);
printf("%d\n", (*pt).score);
```

6. 다음 물음에 답하시오.

```
type struct list{
        char *s;
        struct list *next;
        } LINK;
static LINK a[3] = {{"Do",&a[1]},{"not",&a[2]},
                   {"dismay",&a[0]}};
           *ps[3] = {a, a+1, a+2};
```

(1) (*ps)->next->a의 자료값은?

(2) *ps[1]->a의 자료값은?

(3) **ps[2].a의 자료값은?

(4) *++*ps[1].a의 자료값은?

7. 다음 프로그램의 실행 결과를 구하시오.

```
#include<stdio.h>
int main(void)
 {
        char *malloc();
        char *ps, s[30]="The peace.";
        int i;
        ps = malloc(strlen(s)+1);
        for(i=0; strlen(s)>i; i++)
                *ps++ = s[i];
```

```
        printf("%s\n", ps-6);
        return 0;
    }
```

8. 다음 프로그램의 실행 결과는?

```
#include<stdio.h>
#define pr(x) printf(#x" = %d\n",x)
struct point1{
        int x,y;
        }a;
 int main(void)
 {
        struct point2{
                int x, y;
                }b;
        struct point1 c;
        static struct point2 d;
        pr(a.x);
        pr(b.x);
        pr(c.x);
        return 0;
 }
```

9. 다음 프로그램의 실행 결과는?

```
#include<stdio.h>
typedef struct bitw{
        unsigned low : 2;
        unsigned mid : 2;
        unsigned high : 1;
        } BFD;
 int main(void)
 {
        void fun(BFD);
        BFD mem = {3, 2, 1};
        fun(mem);
        return 0;
 }
void fun(a)
BFD a;
{
        printf("a.low = %d\n", a.low);
        printf("a.mid = %d\n", a.mid);
        printf("a.high = %d\n", a.high);
}
```

10. 다음은 할당된 기억장소를 시스템에 반환하는 free()함수를 이용하여 리스트를 제거하는 함수이다. 빈칸을 채워 프로그램을 완성하라.

```
typedef struct list{
          char d;
          struct list *next;
          }ELEM;
typedef ELEM *LINK;
delete_list(head)
LINK head;
{
          if(head != NULL){
                    delete_list(head->next);
                          free(                        );
          }
}
```

11. 새로운 자료형 명칭을 예약어로 만드는 typedef문과 #define문의 차이점은 무엇인가?

12. 이중연계 리스트의 요소를 자신을 호출하는 구조체를 이용하여 작성하라.

13. 복소수의 곱셈, 덧셈을 수행하는 함수를 구조체를 이용하여 작성하라.

14. 개인의 신상 데이터가 들어있는 구조체를 선언하라. 구조체 멤버로는 이름, 성별, 연령, 주소를 갖는다.

Chapter 11

입력과 출력

programming

입력과 출력 장치는 C언어 자체의 한 부분은 아니지만 C언어 프로그램은 입출력 함수를 통하여 입출력 장치의 환경과 연관된다. 본 장에서는 표준 라이브러리에서 제공하는 입출력함수의 기능과 사용방법 및 파일에 대한 자료의 입출력 방법들을 해당 함수들을 중심으로 설명해 나가고자 한다.

11.1 표준(Standard) 입력과 출력

표준 라이브러리는 텍스트를 입출력 시키는 간단한 모델에 대해서 효과적으로 사용된다. 텍스트 문자 자료는 여러 줄로 구성되는데 각 라인은 개행 문자로 종료된다. 개행 문자 '\n'는 그 시스템에서 규정한 라인 끝을 나타내는 표시로 해석된다. 만약 라인의 끝을 시스템이 다른 방식으로 표시한다면 라이브러리는 라인의 끝을 규정하도록 하는 필요한 작업을 수행해야 할 것이다. 예로서 라이브러리는 입력에서 캐리지 리턴과 라인피드(line feed)를 개행 문자로 바꾸고 출력시는 다시 되돌려 놓아야 할 것이다. 가장 간단한 입력 함수는 다음과 같이 표준 입력 장치로 부터 한 번에 한 문자씩 읽는 getchar함수이다.

int getchar(void)

getchar함수는 호출 될 때마다 입력문자를 반환하고 file의 끝을 만나면 EOF를 반환한다. EOF기호는 <stdio.h>에서 정의 되어 있으며 -1 값을 가진다.

대다수의 시스템 환경에서 입력방향 지시자 <를 사용함으로서 키보드 입력을 파일 입력으로 대치시킬 수 있다. 예로서 다음 프로그램의 실행 파일을 test1이라 하자.

예 제 11-1 입력 문자의 출력

```
#include <stdio.h>
int main(void)
  {
   int ch;
   while((ch = getchar()) != EOF)
    putchar(ch);
    return 0;
  }
```

다음과 같은 명령행

test1 〈 infile

은 실행 파일 test1이 수행 될 때 infile로 부터 문자를 읽어 들이게 될 것이다. 다음은 "pipe mechanism test!" 라는 한줄의 자료를 출력 시키는 프로그램으로서 이 프로그램의 실행 파일명을 test2로 정하기로 하자.

예 제 11-2 (예제 11-2) 입출력의 연결기능

```
#include <stdio.h>
int main(void)
 {
   printf("pipe mechanism test!\n");
   return 0;
 }
```

다음의 명령행은

test2 | test1

test2와 test1 실행 파일을 동시에 수행 시키며 test2의 표준출력이 test1의 표준입력으로 연결되어 실행되도록 한다.

또한 다음 함수

int putchar(int)

는 단일 문자 출력을 위해 사용된다. putchar(c)는 표준출력 장치로 지정된 화면위에 문자 c를 출력한다. putchar함수는 기록될 문자를 반환하며 에러가 발생하면 EOF를 반환한다. 또한 출력은 출력 방향 지시자 〉파일명으로 기술함으로서 지정하는 파일로 출력을 보낼 수 있다. 다음의 명령행

test2 〉 outfile

은 test2의 실행 결과를 outfile로 출력시킬 것이다. printf함수에 의한 출력 역시 표준

출력장치에 출력시키게 된다.

입출력 라이브러리 함수를 참조하는 모든 소스 파일들은 프로그램 안에서 다음 문장을 포함해야 한다.

```
#include <stdio.h>
```

헤드 파일 이름이 〈 와 〉에 의해서 둘러싸여 표현되면 탐색은 시스템에서 지정한 장소(예로서 UNIX 시스템에서는 /usr/include)에서 헤더 파일을 탐색한다.

11.2 형식화된(Formatted)출력 함수 printf()

출력함수 printf는 컴퓨터 내부의 값을 문자 자료로 바꾸어 준다. 이 함수는 이미 앞 장에서 설명한 바가 있다. printf의 형식은 다음과 같다.

(형식)

```
int printf( char *control_strig, arg1, arg2, . . .)
```

printf함수는 제어문자열의 변환 형태에 따라 표준출력파일에 인수(arg1, agr2)들을 출력한다. 제어 문자열은 대상 항목에 대해 두 가지 형으로 구성된다. 첫 번째는 화면에 표시될 문자들이고 두 번째는 출력시킬 인수가 표시될 방식을 정의하는 변환 양식(format specifiers)을 포함한다.

변환 양식은 %(pecent sign)으로 시작되며 %뒤에 변한 문자가 붙는다. 변환 양식의 갯수와 출력 인수의 갯수가 일치해야 하며 왼쪽에서 오른쪽으로 차례대로 대응된다.

예로서 다음 printf()문장

```
printf("%c is %s\n", 'C', "strong!");
```

에 대한 출력은 아래와 같다.

```
C is strong!
```

변환 양식에 사용되는 문자를 표 11.1에 나타낸다.

(표 11-1) printf()에 사용되는 변환 문자

변 환 문 자	의 미
c	문자
d, i	십진 정수
e, E	지수형 부동소수점수
f	십진 부동소수점수
g, G	e 또는 f중에서 짧은 쪽
o	8진 정수
s	문자열
u	비부호 십진정수
x, X	16진 정수
p	포인터
n	출력되는 문자수를 반환
%%	%기호

변환 양식에서 %와 변환 문자 사이에 여러 가지 선택 사양을 나타내는 문자를 사용할 수 있다. 그 형식은 다음과 같다.

(형식)

```
%[flag][field_width][.precision][h/l]type
```

위에서 [ ]속에 표시된 항목은 선택적이다. [flag]로서 -, +, 공백(space), # 문자를 사용할 수 있으며 그 의미는 다음과 같다.

— : 좌측 정렬 (오른쪽에 공백 형성)

\+ : 수치 앞에 부호(+, -)를 붙여 출력

공백 : 양의 수치 앞에 공백을 붙여 출력

\# : 변환 문자에 따라 내용이 다름

o : 출력되는 8진수 앞에 0를 붙임

x, X : 출력되는 16진수 앞에 0x(0X)를 붙임

g, G : 무효자리수의 0를 버리지 않고 출력

e, E, f : 소수점을 반드시 출력

[field_width]는 수치 출력 시 출력 공간의 폭을 지정한다. 지정된 출력 폭 보다 출력 자료의 자릿수가 크면 지정 출력 폭을 무시하고 출력자료의 자릿수만큼 확장된다. 반대로 지정된 출력 폭이 출력 자료의 자릿수 보다 크면 인수의 정렬 방식에 따라 왼쪽 또는 오른쪽이 공백으로 채워진다. 특별히 *문자를 사용할 경우에는 대응하는 인수의 값을 출력 폭을 나타내는 수치로 치환한다.

[.precision]은 대응하는 변환 문자에 따라 출력 형태를 달리한다. 변환 문자가 d, i, o, u, x, X일 때는 출력 표시되는 숫자의 최소 개수를 나타내며, e, E, f일 때는 소수점 이하 자릿수를 g와 G일 때는 표시되는 유효자릿수의 최대 개수를 표시한다. 변환 문자가 s일 때는 최대 표시 문자수를 나타낸다. *는 대응하는 인수의 값을 수치로 취하여 정도(precision)를 정한다. [h/l]에서 h는 변환 문자가 d, i, o, u, x, X일 때는 short형 출력을 의미하고 l은 변환 문자가 e, E, f, g, G일 때에는 double형 출력을 의미한다. type은 표 11.1의 변환 문자를 의미한다.

예 제 11-3 printf()

```
#include <stdio.h>
int main(void)
{
  int count;
  scanf("%d", &count);
  printf("this %n message is a test\n");
  printf("count = %d\n", count);     /* 출력문자 반환 */
  printf("&count = %p\n", &count); /* 주소 출력 */
  printf("%010d\n", count);          /* 0으로 채움 */
  printf("/%-10d/\n", count);        /* 왼쪽 정렬 */
  return 0;
}
```

(실행 시 자료입력)

```
변수 count의 값으로 4를 준다.
```

(출력 결과)

```
this message is a test
count = 4
&count = FFDA
0000000004
/4          /
```

예 제 11-4 다양한 출력

```
#include <stdio.h>
int main(void)
{
  double item = 10.12304;
  printf("%f\n", item);     /* default 자릿수 */
  printf("%10f\n", item);  /* 우측 정렬 */
  printf("%012f\n", item); /* 좌측을 0으로 채움 */
  printf("%3.8d\n", 10000);
  /* 정도는 출력될 최소 숫자수 */
  printf("%10.15s\n", "This is a simple test.");
  /* 정도는 선택되어 출력될 문자수 */
  printf("%x %#x\n", 10, 10);  /* 0x 첨가 */
  printf("%*.*f\n", 10, 4, 1234.56);
   /* *는 인수에 대응 */
  printf("%g %g %g\n", 1.0e1, 1.0e5, 1.0e9);
  return 0;
}
```

(실행 결과)

```
10.123040
 10.123040
00010.123040
00010000
This is a simpl
a 0xa
 1234.5600
10 100000 1e+09
```

11.3 형식화된(Formatted) 입력함수 scanf()

scanf()함수는 범용 입력함수로서 표준입력 스트림으로 부터 자료를 읽어 들이며 그 형식은 다음과 같다.

(형식)

```
int scanf(char *format, arg1, arg2, . . .)
```

이 함수는 읽어 들인 자료를 변환 형식에 따라 해석하고 입력항 인수에 그 결과를 저장한다. format에 의해서 지시되는 제어 문자열은 다음과 같은 3가지 형태의 문자로 구성된다.

. 변환 양식

. 공백 문자

. 비공백 문자

입력용 변환 양식은 %기호가 앞에 붙으며 읽혀질 자료형이 무엇 인지를 알려준다. 사용하는 변환 문자를 표 11.2에 나타낸다.

(표 11-2) scanf()에 사용되는 변환 문자

변 환 문 자	의 미
c	단일 문자
d, i	10진 정수
e, f, g	부동소수점수
s	문 자 열
o	8진 정수
x	16진 정수
p	포 인 터
u	비부호 십진 정수
[문 자 열]	특별 문자 집합
%%	percent 기호

변환 양식은 왼쪽에서 오른쪽으로 읽혀지며 변환 양식은 입력항 인수에 순서대로 대응된다. 제어 문자열에 있는 공백 문자는 scanf()함수가 실행될 때 입력 자료열에서 하나 이상의 공백을 건너뛰게(skip)한다. 여기서 공백문자로는 space, 탭, 개행문자가 포함된다. 실제로 제어 문자열에 있는 하나의 공백문자는 scanf()함수로 하여금 첫 번째 비공백 문자를 만날 때 까지의 공백들을 읽도록 한다. 제어 문자열에 포함된 비공백 문자는 scanf()함수가 입력 자료행에서 일치하는 비공백 문자를 읽으면 무시하도록 한다.

예로서

```
scanf("%d, %d", &i, &j);
```

는 입력 자료 행으로 주어지는 "20, 30"에서 변수 i와 j의 값으로 읽혀지는 20과 30 사이의 컴마(,)를 무시하도록 한다. scanf()를 통해 입력받는 모든 변수들은 주소(포인터)로 전달된다.

예로서

```
scanf("%d", &i);
```

입력 변수 i는 그것에 대한 포인터 &i로서 표기해야 한다. scanf()함수는 변환에 성공한 입력항의 개수에 해당하는 정수값을 함수값으로 반환한다. 변환에 실패하면 -1의 값을 반환한다. scanf()함수의 변환 양식에서 %와 변환 문자 사이에 선택 사양을 나타내는 문자가 올 수 있으며 문자와 그 기능은 표 11.3 과 같다.

(표 11-3) scanf 함수에 대한 변환 양식의 선택문자

문 자	기 능
*	입력 필드의 skip(지정삭제)
size	입력 필드의 최대 자릿수
l	long형 or double형
h	short int형

예로서 지정 삭제(assignment suppression)의 경우로서 다음 입력 문장

```
scanf("%d  %*c  %d", &x, &y);
```

에 대해서 입력 자료를 "10 / 20"으로 주었다면 변수 x에 10이 변수 y에 20이 읽혀지며 입력 사료행의 '/'기호는 무시된다.

다음은 제어 문자열에 포함된 문자와 일치되는 문자가 입력 자료행에 있는 경우의 예다.

```
scanf("%dt%d", &x, &y);
```

위 문장에 대한 입력으로 "10t20"을 주었을 경우 x와 y에 각 각 10과 20의 값이 읽혀지며 문자 t는 무시된다.

변환 양식 %[문자열]은 입력 자료가 문자열이며, [ ]사이에 문자 집합(set)에 없는 문자가 입력 자료행에 나타나기 전까지 해당되는 문자열을 입력 변수에 설정한다.

```
scanf("%[ABC]", s);
```

위 문장은 문자 A, B, C 중의 한 문자로 시작하는 문자열만 입력 받고 그 외의 다른 문자로 시작하는 문자열이 입력되면 입력이 중단된다.

또한 %[^문자열] 형식은 문자열을 구성하는 문자 집합에 들어 있지 않은 문자로 시작하는 문자열만 입력 받는다.

다음 문장

scanf("%[^/]", s);

은 문자 '/'를 제외한 문자로 구성된 문자열만 읽어 들일 수 있다.

예제 11-5 선택적 문자열 입력

```
#include<stdio.h>
int main(void)
 {
  char s[15];
  scanf("%[AB\t ]", s);
  printf("%s\n", s);
  return 0;
 }
```

(실행결과)

입 력	출 력
CDAB	없음
ABCD	AB

예제 11-6 다양한 scanf() 사용

```
#include<stdio.h>
int main(void)
{
 int n1, n2;
 scanf("%d %3d", &n1, &n2);
```

```
 printf("n1 = %d   n2 = %d\n", n1, n2);
 return 0;
}

#include<stdio.h>
int main(void)
{
 char s1[10], s2[10];
 scanf("%s %5s", s1, s2);
 printf("s1 = %s   s2 = %s\n", s1, s2);
 return 0;
}

#include<stdio.h>
int main(void)
{
 char  s3[20], s4[20];
 scanf("%c %3c", s3, s4);
 printf("s3 = %s   s4 = %s\n", s3, s4);
 return 0;
}
```

(입력 자료)

```
123 45678
The beautiful
high goal
```

(실행 결과)

```
n1 = 123  n2 = 456
s1 = The  s2 = beaut
s3 = h    s4 = igh
```

위 예에서 변환 양식 %와 변환 문자 사이의 수치는 입력 자료의 최대 필드 폭을 지정한다. 변환 문자 s의 경우 사용되는 수치는 입력 문자열의 길이를 제한시키며 변환 문자 c도 주어진 수치에 따라 입력 문자열의 길이가 제한된다.

예 제 11-7 scanf()의 특수한 사용 예

```
#include<stdio.h>
int main(void)
{
  int i, k;
  char s1[10];
  k = scanf("%*d%d %s", &i, s1);
  printf("i = %d, s1 = %s, k = %d\n", i, s1, k);
  return 0;
}

#include<stdio.h>
int main(void)
{
  int  j;
  scanf("%d%%", &j);
  printf("j = %d%%\n", j);
  return 0;
}

#include<stdio.h>
int main(void)
{
  char s2[10], s3[10];
  scanf("%s p %s", s2, s3);
  printf("s2 = %s, s3 = %s\n", s2, s3);
  return 0;
}
```

(입력 자료)

```
100 300 man
26%
Cat p ttt
```

(실행 결과)

```
i = 300,  s1 = man, k = 2
j = 26%
s2 = Cat, s4 = ttt
```

위 예에서 제어 문자열에 %기호는 %%로 기술하여 변환 양식의 '%'기호와 구별하도록 한다. 정수형 변수 k에 대입되는 값은 scanf()의 변환이 성공적으로 이루어 졌을 때 반환되는 값으로서 이 예제에서는 두 개의 인수를 가지므로 값은 2이다.

11.4 파일 처리(File handling)함수

대부분의 C 프로그램에서 getchar, putchar, scanf, printf 함수 그리고 입출력 방향 지시자를 이용하면 모든 입출력 작업을 수행할 수 있을 것 같이 생각된다.

그렇지만 파일이 관련된 복잡한 작업이 있을 때 즉, 2개 이상의 파일로부터 자료를 읽은 후 여러 개의 다른 파일에 출력해야 될 경우도 있을 것이다. 이러한 경우 파일 처리 작업을 위해 특별한 함수를 사용해야 한다. 본 장에서는 파일처리와 관련된 몇몇 함수를 설명한다.

11.4.1 스트림(Stream)과 파일의 개념

스트림(stream)은 키보드(keyboard), 디스플레이 화면, 통신포트, 프린터, 디스크 장치 등의 다양한 입출력 장치와 디스크에 존재하는 파일을 논리적으로 동등하게 취급하여 추상화시킨 독립적인 접속(interface)장치이다. 이에 비교되는 파일의 의미는 디스크 상의 파일을 포함하여 실제의 입출력 장치를 총칭하는 논리적 개념이다. 파일은 텍스트(text)나 어떤 2진 자료를 표현하는 연속되는 바이트로 구성된다. 어떤 파일들은 순차 접근(sequential access) 방식을 허용한다. 따라서 자료가 파일에 저장된 순서대로 읽혀지거나 쓰여 진다. 직접 접근 방식에 의한 파일 접근은 사용자가 읽거나 기록할 장소의 위치를 명시해야 한다.

11.4.2 fopen()

파일을 대상으로 입출력 작업을 시작하기 전에 파일은 먼저 열려져야 한다. 파일을 열기 위하여 시스템에 파일의 이름을 지정해 주어야 한다. 시스템은 지정한 파일이 실제로 존재하는가를 검사하며, 경우에 따라서 파일이 존재하지 않으면 파일을 생성하기도 한다.

파일을 개방하는 fopen()함수의 형식은 다음과 같다.

(형식)

```
FILE *fopen(char *filename, char mode)
```

파일이 열려지면 파일에 대해서 수행하려고 하는 입출력 작업의 형태를 시스템에게 알려주어야 한다. 만약 파일이 데이터를 읽기 위해 사용된다면 파일을 판독 전용 모드(read mode)로 설정해야 된다. 만약 파일에 데이터를 기록하기를 원한다면 파일은 기록 모드(write mode)로 열려져야 한다. 기록 모드일 경우 해당 파일이 존재하면 그 내용이 중복 기재된다. 최종적으로 만약 어떤 자료를 가지고 있는 어떤 파일의 끝에 자료를 추가시키기 위해서는 추가 모드(append mode)로 열려져야 한다. 기록 모드와 추가 모드의 경우 지정한 파일이 존재하지 않는다면 시스템에서 그 파일을 생성할 것이다. 입력 모드의 경우에 만약 파일이 존재하지 않으면 NULL값을 반환한다. 어떤 프로그램은 동시에 개방되는 여러개의 다양한 file을 갖기 때문에 파일상에 어떤 입출력 작업을 수행할 때마다 프로그램안에 있는 특별한 파일은 인지할 방법이 필요하다. 이 작업은 파일 포인터에 의해서 이루어진다.

fopen()함수는 두개의 인수를 갖는다. 첫 번째 인수는 개방될 파일명을 나타내는 문자열이며 두 번째 인수는 파일이 개방되는 모드를 나타내는 문자열이다. fopen()함수는 특별한 파일을 인지하기 위하여 다른 표준 입출력 라이브러리 함수에 의해서 사용되는 파일 포인터를 반환한다. 만약 파일을 어떤 이유로 개방 할 수 없을 경우는 include 파일 stdio.h에서 정의된 NULL값을 반환한다. 프로그램에서 fopen함수에 의해 반환되는 결과를 저장하기 위하여 FILE형 포인터 변수를 정의해야 한다.

예로서

```
#include <stdio.h>
FILE *in_ptr;
in_ptr = fopen("test.dat", "r");
```

은 판독 모드로 test.dat라는 파일을 개방할 것이다. fopen()호출로 FILE형 포인터 변수 in_ptr에 지정한 개방 파일의 포인터가 반환된다. 파일이 성공적으로 개방되었는지의 여부를 검사하기 위하여

```
if((in_ptr = fopen("test.dat", "r")) == NULL){
        printf("\n Cannot open test.dat\n\n");
        exit(1);
}
```

와 같은 코드를 사용한다. 또한 fopen함수는 갱신 모드로 불려지는 "r+", "w+", "a+"모드를 지원할 수 있다.

(표 11-4) 파일 모드

모 드(mode)	의 미	특 징
r	읽기 전용	기존 파일 대상
w	쓰기 전용	파일 생성 가능함
a	파일 끝에 추가로 기록	파일 생성 가능함
r+	판독 및 기록	기존 파일 대상
w+	판독 및 기록	파일 생성 가능
a+	파일 끝에서 판독및 기록	파일 생성 가능
rb, wb, ab	읽기, 쓰기, 추가	이진 파일 대상
r+b(rb+)	판독 및 기록	이진 파일 대상
r+a(ra+)	파일 끝에 추가로 기록	이진 파일 대상

11.4.3 fclose()

개방한 파일은 반드시 닫아야 한다. fclose함수는 fopen함수와 상반되는 함수로 더 이상 파일에 접근할 필요가 없음을 시스템에게 인식시키는 작업을 한다. 어떤 파일을 닫는 명령을 내리면 시스템은 버퍼 메모리에 보관된 자료들을 파일에 기록하여 버퍼를 비우는 등의 선행작업을 한 후 파일 포인터에 의해 포인터 된 파일과의 연결을 끊는다. 일단 파일이 닫혀지면 재개방을 하지 않는 한 더 이상 기록하거나 읽는 작업을 할 수 없다. fclose()함수의 형식은 다음과 같다.

(형식)

```
int fclose(FILE *file_pointer)
```

여기서 file_pointer는 개방시 사용한 파일 포인터이다.

파일 작업이 종료될 때 파일을 닫는 프로그래밍 습관을 가지는 것은 좋은 것이다. 어떤 프로그램의 실행이 정상적으로 종료되었다고 파일을 닫지 않는다면 시스템이 자동적으로 파일을 닫아줄 것이지만 일반적으로 프로그램이 끝남과 동시에 파일을 닫도록 해야 한다.

어떤 시점에서 한 프로그램에서 동시에 개방될 수 있는 파일 수는 제한을 받기 때문에(UNIX 에서는 보통 20개) 다른 파일을 열기 전에 한 파일을 닫는 작업은 중요하다. fclose()는 성공적으로 실행되면 정수값 0을 실패하면 EOF(-1)을 반환한다.

11.4.4 fprintf(), fscanf()

함수는 fprintf와 fscanf는 어떤 파일을 대상으로 printf와 scanf함수를 수행하는 것과 유사하다. 이 함수들은 printf와 scanf보다 하나의 인수를 더 갖으며, 자료를 읽거나 기록하게 될 파일을 포인터하는 파일 포인터가 그것이다.

fprintf(), fscanf()의 형식은 다음과 같다.

(형식)

```
int fprintf(FILE *fp, const char *control_string, 인수 list);
int fscanf(FILE *fp, const char *control_string, 인수 list);
```

여기서 fp는 fopen() 호출시 반환된 파일 포인터이며 fprintf(), fscanf()는 fp가 포인터 하는 파일에 직접 입출력 작업을 한다.

예로서 문자열

"Programming in C is fun.\n"

을 파일 포인터 fp가 포인터 하는 파일에 기록하기 위해서는 다음문장

```
fprintf(fp, "Programming in C is fun.\n");
```

을 작성하므로 가능하다. 비슷하게 파일 포인터 fp에 의해서 포인터되는 파일로부터 float형 변수 x에 부동 소수점 수치 자료를 읽기 위해서는 다음

```
fscanf(fp, "%f", &x);
```

문장이 사용된다. fscanf, fprintf 성공적으로 수행되면 인수의 수를 반환하지만 어떤 자료 항목을 읽기 전에 파일의 끝에 도달하면 EOF 값을 반환한다.

예제 11-8 fscanf() 및 fprintf()

```
#include <stdio.h>
int main(argc, argv)
int argc;
char *argv[];
 {
   FILE *fpi, *fpo;
   char s[80];
   int i;
   if((fpi = fopen(argv[1], "r")) == NULL){
      printf("cannot open %s file\n", argv[1]);
      exit(1);
      }
   if((fpo = fopen(argv[2], "w")) == NULL){
      printf("cannot open %s file\n", argv[2]);
      exit(1);
      }
      fscanf(fpi, "%s  %d", s, &i);
      fprintf(fpo, "%s\'s score is %d", s, i);
      fscanf(fpi, "%s  %d", s, &i);
      printf("%s\'s score is %d", s, i);
      return 0;
 }
```

위 프로그램의 실행 파일을 a.out이라 했을 경우 다음의 실행 명령

a.out test.data test.out

은 두 개의 파일 test.data와 test.out파일을 각각 읽기 모드와 쓰기 모드 상태로 개방하여 사용하며 test.data파일은 프로그램 실행 전에 반드시 작성되어져야 한다. 두 개의 파일을 개방할 수 없는 경우에는 사용자에게 에러 메시지가 제시된다.

```
/* 파일 test.data의 내용 */
   kim 96
   park 88
```

(출력 결과)

```
/*  test.out의 내용  */
  kim's score is 96
```

(화면 출력)

```
park's score is 88
```

fprintf()와 fscanf()는 형식을 갖춘 자료를 디스크 파일로 부터 읽거나 또는 기록하는데 가장 쉬운 방법이기도 하지만 항상 효율적인 방법은 아니다. 왜냐하면 이 함수들은 화면에 나타내는 자료가 2진 자료가 아니라 형식화된 구색이 갖춰진 ASCII 자료이기 때문에 함수 호출시 마다 부가적인 작업이 필요하다. 따라서 처리 속도나 파일 크기가 문제시 된다면 fread()나 fwrite()를 사용해야 할 것이다.

11.4.5 getc(), putc()

getc()함수는 어떤 파일로부터 단일 문자를 읽을 수 있도록 해준다. 이 함수는 이미 사용해 왔던 getchar함수와 유사한 기능을 갖는데 getc함수는 인수를 갖는다는 점이 다르다.

getc함수의 형식은 다음과 같다.

(형식)

```
int getc(FILE *file_pointer)
```

여기서 file_pointer는 문자를 읽어 들일 파일을 가리키는 파일 포인터다. getc함수는 지시되는 파일로부터 문자를 읽고 해당 정수를 반환하며 에러가 발생하거나 파일의 끝에 도달하면 getchar()함수처럼 EOF값을 반환한다.

다음 문장

```
c = getc(input_file);
```

은 파일 포인터 input_file이 가리키는 파일로부터 하나의 문자를 읽어 변수 c에 대입할 것이다.

putc함수는 putchar 함수와 등가적이며 두 개의 인수를 갖는다. putc함수의 형식은 다음과 같다.

(형식)

```
int putc(int ch, FILE *file_pointer)
```

여기서 첫 번째 인수 ch는 지정하는 파일에 기록할 문자이며 두 번째 인수 file_pointer는 자료를 기록할 파일을 가리키는 포인터이다.

예로서 다음 문장

putc('\n', out_file);

은 파일 포인터 out_file이 지시하는 파일에 개행 문자를 출력할 것이다. 물론 지시된 파일은 계속되는 함수 호출을 위하여 기록전용 혹은 추가모드로 열려져야 한다. putc 함수가 성공적으로 수행되면 기록된 문자를 정수형으로 반환하며 실패하면 EOF값을 반환한다. 다음에 putc와 getc 함수를 이용하여 하나의 파일 내용을 다른 파일에 복사하는 문제를 생각하여 보자.

예제 11-9 getc와 putc함수

```
#include <stdio.h>
int main(void)
{
  char infile[20], outfile[20];
  FILE *in, *out;
  int c;
  printf("Enter name of file to be copied : ");
  scanf("%19s", infile);
  printf("Enter name of output file : ");
```

```
    scanf("%19s", outfile);
    if((in = fopen(infile, "r")) == NULL)
      printf("cannot open %s for reading.\n", infile);
    else if((out = fopen(outfile, "w")) == NULL)
      printf("cannot open %s for writing.\n", outfile);
    else
     {
      while(( c = getc(in)) != EOF)
        putc(c, out);
      printf("File has been copied.\n");
     }
    return 0;
}
```

다음과 같은 3행의 문장을 내용으로 갖는 copyit.txt라는 파일을 입력파일로 사용하자.

```
Oh! the joy of those who do not follow
evil men's advice, who do not hang around
with sinner, scoffing at the things of God.
```

(실행결과)

```
Enter name of file to be copied : copyit.txt
Enter name of output file : hapiness
File has been copied.
```

출력파일 hapiness의 내용을 확인해 보자.(UNIX의 경우 cat명령, DOS의 경우 type명령) 분명히 copyit.txt파일에 있던 3행의 문장이 복사되었을 것이다. 위 예에서 scanf함수의 변환 문장에 필드폭을 19자로 제한시킨 것은 infile이나 outfile에서 문자배열의 overflow 상태를 피하기 위한 것이다.

만약 출력 file이 이미 존재하면 이전의 내용은 삭제 될 것이다.

두 개의 fopen호출문 중 하나라도 실패하게 되면 터미날에 메시지를 나타낼 것이며 프로그램은 종료된다. 계속적으로 getc와 putc 호출이 이루어짐으로써 한 번에 한 문자씩 파일의 끝에 도달하게 될 때까지 복사될 것이다.

11.4.6 fgetc(), fputc()

fgetc(), fputc()함수는 getc()와 putc()함수와 비슷한 기능을 가지고 있으나 매크로가 아닌 함수이다. fgetc()함수 형식은 다음과 같다.

(형식)

```
int fgetc(FILE, *file_pionter)
```

getc함수와 같이 file_pointer가 가리키는 파일로부터 하나의 비부호 문자를 읽고 정수로 변환하여 반환하며 에러가 발생하면 EOF를 반환한다.

예 제 11-10 fgetc()함수 사용 예

```
#include <stdio.h>
int main(int argc, char *argv[])
 {
  FILE *fp;
  int ch;
  if((fp = fopen(argv[1], "r")) == NULL){
     printf("cannot open file\n");
     exit(1);
     }
   while((ch = fgetc(fp)) != EOF){
     putchar(ch);
     }
  fclose(fp);
  return 0;
 }
```

(형식)

```
int fputc(int c, FILE *file_pointer)
```

putc()함수와 같이 문자 c를 file_pointer가 가리키는 파일상에 출력한 후 file_pointer를 하나 증가시킨다. 만약 실패하면 EOF값을 반환 한다.

예 제 11-11 fputc()함수

```
#include <stdio.h>
int main(int argc, char *argv[])
 {
  FILE *fp;
  int ch;
  if((fp = fopen(argv[1], "r")) == NULL){
    printf("cannot open file\n");
    exit(1);
    }
   while((ch = fgetc(fp)) != EOF){
    fputc(ch, stdout);
    }
  fclose(fp);
  return 0;
 }
```

11.4.7 fgets(), fputs()

파일을 대상으로 행 단위로 자료를 읽고 기록하기 위해 fgets와 fputs함수를 사용한다. fgets함수의 형식은 다음과 같다.

(형식)

```
char *fgets(char *buffer, int n, FILE *file_pointer)
```

여기서 buffer는 입력된 행의 자료가 기억될 문자배열에 대한 포인터이며 n은 buffer에 저장될 최대 문자수를 나타내는 정수 값이다. file_pointer는 읽을 자료가 존재하는 파일을 가리키는 파일 포인터이다. fgets함수는 지정된 파일로 부터 n-1개의 문자를 읽거나 개행 문자를 읽을 때까지 문자열을 읽어 들인다. 함수는 읽혀지는 최종문자 다음에 null문자를 붙여 buffer에 저장한다. fgets함수가 성공적으로 수행되면 buffer의 값을 반환하며 파일의 끝에 도달한 상태이거나 에러가 발생하면 NULL을 반환한다.

한편 fputs함수는 지정한 파일에 한 행의 문자 자료를 기록하며 함수의 형식은 다음과 같다.

(형식)

```
int fputs(char *buffer, FILE *file_pointer)
```

여기서 buffer는 자료를 기록할 배열에 대한 포인터이며 file_pointer는 지정된 파일에 대한 파일 포인터이다. fputs함수는 입력자료의 끝을 나타내는 null문자('\0')를 만날때까지 지시된 파일에 buffer에 의해 포인터되는 배열의 문자를 기록한다. 종료를 나타내는 null문자는 파일에 기록되지 않는다. fgets과 fputs는 터미널로 부터 한 행의 문자열을 읽거나 터미날에 한 행의 문자를 출력하는 gets함수 및 puts함수와 유사한 기능을 갖는다.

예제 11-12 fgets()함수와 fputs()함수

```
#include <stdio.h>
int main(void)
{
 char infile[20], outfile[20];
 FILE *in, *out;
 int c;
 printf("Enter name of file to be copied : ");
 scanf("%19s", infile);
 printf("Enter name of output file : ");
 scanf("%19s", outfile);
```

```
    if((in = fopen(infile, "r")) == NULL)
      printf("cannot open %s for reading.\n", infile);
    else if((out = fopen(outfile, "w")) == NULL)
      printf("cannot open %s for writing.\n", outfile);
    else
      {
       while(( c = getc(in)) != EOF)
         putc(c, out);
         printf("File has been copied.\n");
      }
    return 0;
  }
```

(실행 명령)

```
a.out   c11_12.dat   c11_12.out
```

(입력 파일 c11_12. dat의 내용)

```
You are the salt of the earth.
But if the salt has lost its taste,
with what shall it be salted?
```

11.4.8 ungetc()

ungetc()는 지정된 파일에 하나의 문자를 반환(put back)하는 함수로 다음 형식을 갖는다.

(형식)

```
int ungetc(int c, FILE *file_pointer)
```

여기서 문자 c는 파일 포인터 file_pointer가 가리키는 파일에 실제로 기록되지 않고 그 파일과 연관된 버퍼 내에 넣어두며 c의 int값을 반환한다. 반환된 문자는 getc(c)함수를 호출하여 입력 자료로 활용할 수 있다. ungetc()함수가 지정된 파일에 하나의 문자를 반환할 수 없을 경우 EOF값을 반환한다.

예제 11-13 ungetc() 함수

```
#include <stdio.h>
int main(void)
{
 FILE *fp;
 int c;
 char buf[130];
 fp = fopen("test1.data", "r");
 while(c = getc(fp), c != 's' && c != EOF)
            ;
 ungetc(c, fp);
 fgets(buf, 128, fp);
 puts(buf);
 fclose(fp);
 return 0;
}
```

(실행 명령)

```
a.out  test1.data
```

(입력 파일 test1. data의 내용)

```
This is test1.data file.
Give to the one who begs from you and do not refuse the borrower.
```

(출력 내용)

```
s is test1.data file.
Give to the one who begs from you and do not refuse the borrower.
```

11.4.9 stdin,stdout,stderr

C 프로그램이 실행 될 때마다 프로그램에서 사용하기 위한 3개의 파일들이 자동적으로 개방된다. 이들 파일은 stdio.h에 정의된 상수 파일 포인터 stdin, stdout, stderr에 의해서 포인터 된다.

파일 포인터	스트림 명칭	실 제 의 미
stdin	표준 입력 스트림	키보드 접속
stdout	표준 출력 스트림	화면 접속
stderr	표준 에러 스트림	화면 접속

파일 포인터 stdin은 프로그램의 표준 입력 스트림을 가리키며 보통 터미날 키보드와 연결된다. 표준 입출력 함수들은 stdin으로 부터 입력을 얻는 경우 파일 포인터 인수를 사용치 않는다.

예로서 scanf함수는 stdin으로 부터 필요한 입력자료를 얻으며 이 함수에 대한 호출은 첫번째 인수 stdin을 갖는 fscanf

함수의 호출과 동등하다.

```
fscanf(stdin, "%d", &n)
/*  scanf("%d", &n)  */
```

앞 문장은 표준 입력 스트림(보통 터미날의 키보드)으로 부터 정수값을 읽어 들일 것이다. stdout은 터미날의 출력과 연결된 화면을 의미한다.

예로서

```
printf("The beauty of life!.\n");
```

다음과 같은 fprintf함수에 대한 호출과 등가적이다.

```
fprintf(stdout, "The beauty of life!.\n");
```

대개의 시스템에서 putchar함수는 stdout을 파일 포인터 인수로 갖는 putc함수를 호출하는 다음과 같은 매크로 정의로서 구현된다.

```
#define putchar(c)  putc(c, stdout)
```

이와 같은 방식으로 getchar함수도 stdin을 파일 포인터로 갖는 getc함수를 호출하는 다음과 같은 매크로 정의로서 구현된다.

```
#define getchar()  getc(stdin)
```

파일 포인터 stderr은 표준 에러 파일을 가리킨다. 표준 에러 파일은 터미날 화면에 연결되는데 시스템에서 제시한 모든 에러 메시지를 출력한다. stderr이 있기 때문에 에러 메시지가 표준 출력이 나타나는 장치나 파일이 아닌 다른곳에 출력될 수 있다. 이것은 특히 프로그램의 출력이 어떤 파일에 간접지시(redirect)될 경우에 바람직하다. 그러한 경우 정상 출력은 파일에 기록되고 시스템 에러 메시지는 터미날 화면에 출력된다. 따라서 이러한 이유 때문에 에러 메시지를 stderr에 기록한다.

예로서 fprintf를 사용하는 다음 문장

```
if((in_file = fopen("data", "r")) == NULL)
{
        fprintf(stderr,"cannot open data file.\n");
                        :
                        :
}
```

은 data 파일을 개방하지 못할 경우에는 "cannot open data file."이란 에러 메지를 stderr에 기록할 것이다. 만약 표준 출력이 다른 file로 재지시(redirect)될 경우에도 앞서의 에러 메시지는 여전히 터미날 화면에 출력될 것이다.

11.4.10 feof(), ferror(), clearerr()

어떤 파일의 끝을 검사하기 위하여 feof()가 사용되며 이 함수의 형식은 다음과 같다.

(형식)

```
int feof(FILE *file_pointer)
```

이 함수는 파일 포인터 file_pointer가 가리키는 파일의 파일 지시자 위치가 파일의 끝 인지의 여부를 판별해 주는데 파일의 끝에 도달하면 0이 아닌 정수값을 반환하고 그렇지 않으면 0을 반환한다.

다음 문장은

```
if(feof(in_fpt))
printf("Read end of file.\n");
```

in_fpt에 의해서 포인터되는 파일상에 파일의 끝 조건이 존재하면 "Read end of file." 메시지를 출력한다. 이 함수는 <stdio.h>에 매크로로 정의되어 있다. 다음 문장은 파일의 끝을 만날 때까지 이진 파일을 읽을 것이다.

```
while(!feof(in_fpt)) ch = getc(in_fpt);
```

물론 텍스트 파일에도 이 방법을 이진 파일의 경우와 같이 응용할 수 있다. 다음은 이진 파일이나 텍스트 파일을 복사하는 프로그램이다. 파일은 텍스트 모드로 개방되며 feof()함수가 파일의 끝 조건을 검사하게 된다.

예제 11-14 feof()함수의 사용

```
#include <stdio.h>
   int main(void)
   {
    char ch;
    FILE *fpt;
    if((fpt = fopen("test2.dat","r")) == NULL){
```

```
        printf("cannot open file\n");
        exit(1);
        }
    while(!feof(fpt)){
      ch = getc(fpt);
      if(!feof(fpt))
      putc(ch, stdout);
      }
    fclose(fpt);
    return 0;
}
```

(실행 결과)

다음과 같이 test2.dat의 내용이 출력된다.

```
Accordingly, whatever you would have
people do for you, do the same for them;
for this covers the Law and the prophets
```

한편 ferror()는 지정 파일상의 파일 오류를 검사하는 함수이며 형식은 다음과 같다.

(형식)

```
int ferror(FILE *file_pointer)
```

이 함수는 파일 포인터 file_pointer가 지시하는 파일의 작업 중에 오류가 발생하면 참(nonzero)을 반환하며 오류가 발생치 않을 경우는 거짓(zero)을 반환한다. ferror함수는 오류가 발생하여 참값을 반환한 경우에는 그 파일을 닫거나 rewind() 또는 clearerr()함수가 호출될 때까지 그 파일의 오류 표시가 계속 유지된다.

예제 11-15) ferror 함수

```
#include <stdio.h>
int main(void)
{
 FILE *fpt;
 int c;

 fpt = fopen("test.dat", "w");
 fgetc(fpt);  /* 쓰기전용 파일에 읽기 작업 */
 if(ferror(fpt)){
   printf("file error!\n");
   exit(1);
   }
 fclose(fpt);
 return 0;
}
```

(실행 결과)

```
        file error!
```

위 예제의 실행 결과가 "file error!" 메시지로 출력되는 이유는 if문의 인수인 ferror 함수의 반환값이 0이 아니기 때문이다. 즉, 쓰기 전용 파일로 설정된 파일에서 읽기 작업을 했기 때문에 파일 오류가 발생한 것이다.

한편 clearerr()은 파일 포인터에 의해서 지시된 파일에서 발생한 파일 오류 상태 표시를 복원(reset)시키기 위한 함수로 형식은 다음과 같다.

(형식)

```
void clearerr(FILE *file_pointer)
```

이 함수의 호출로 file_pointer로 지시된 파일의 에러 표시 상태는 0으로 초기화

되어진다. 파일 오류가 발생하는 이유는 다양하며 다분히 시스템 종속적일 때가 많다. 정확한 에러 특성을 확인하기 위해서 perror()함수를 이용하는 것이 바람직하다.

예제 11-16 clearerr()

```
#include <stdio.h>
int main(void)
{
 FILE *fpi;
 int ch;
 if((fpi = fopen("test3.dat", "r")) == NULL){
    printf("cannot open file\n");
    exit(1);
    }
 while(!feof(fpi)){
    ch = getc(fpi);
    if(ferror(fpi)){
                 printf("reading error!\n");
                 clearerr(fpi);
                 }
    putc(ch, stdout);
    }
 fclose(fpi);
 return 0;
}
```

(실행 결과)

test3.dat 내용이 출력된다.

```
Every tree that fails to bear good fruit is felled
and thrown into fire Similary you will know people by
the deeds they do.
```

11.4.11 fread(), fwrite()

지금까지는 파일을 대상으로 자료를 입출력 할 때 단일 문자, 행 단위 문자열, 또는 fscanf, fprintf에 의해 형식을 갖는 데이터 형으로 자료의 입출력 작업을 수행하였지만 fread(), fwrite()함수를 이용하면 자료를 블럭 단위로 입출력 할 수 있게 된다. 이 함수들의 형식은 다음과 같다.

(형식)

```
int fread(char *buffer, int size, int n, FILE *file_pointer)
```

여기서 buffer는 파일로부터 읽어 들인 데이터를 받을 메모리를 지시하는 포인터이며 size는 한 차례에 읽게 될 자료 블럭의 byte수를 의미한다. 또한 n은 반환되는 데이터 블럭 수이며, file_pointer는 판독 대상 파일을 가리키는 포인터다.

fread()함수는 file_pointer에 의해서 지시되는 파일로부터 size 바이트 단위의 블럭 자료 n개를 읽어 buffer 메모리에 넣는다. fread()함수는 실제로 읽은 데이터 블럭 수를 반환한다. 만약 호출문에 있는 블럭수 n보다 읽혀진 데이터 블럭이 적거나 파일의 끝에 도달하면 오류가 발생하며, feof()나 ferror()를 이용하여 오류를 검사할 수 있다. 주로 이진 파일을 대상으로 사용된다.

예제 11-17 fread() 함수

```
#include <stdio.h>
int main(void)
{
  FILE *fpt;
  char val[100];
  clrscr();
  if((fpt = fopen("test.dat", "r")) == NULL){
    printf("cannot open file\n");
    exit(1);
    }
```

```
    if(fread(val, sizeof(char),80, fpt) != 80){

      if(feof(fpt))
        printf("End of file\n");
      else
        printf("error for reading.\n");
    printf("%s\n", val);
   fclose(fpt);
   }
   return 0;
  }
```

(실행 결과)

다음과 같이 test.dat의 내용이 출력된다.

```
A bad workman quarrels with his tool
```

한편 fwrite()함수는 자료를 block단위로 파일에 기록하는 함수로 주로 이진 파일을 대상으로 사용되며 형식은 다음과 같다.

(형식)

```
int fwrite(char *buffer, int size, int n, FILE *file_pointer)
```

여기서 buffer는 파일에 기록할 데이터가 있는 메모리를 가리키는 포인터이며 size는 기록하는 자료 블럭 단위의 byte수를 의미한다. 또한 n은 대상 파일에 기록할 자료 블럭 수를 나타내며 file_pointer는 자료를 기록할 파일을 가리키는 포인터이다. fwrite()는 buffer가 지시하는 기억장소의 자료를 파일 포인터(file_pointer)가 지시하는 파일에 n변수 만큼의 size 바이트 블럭 자료를 (n x size byte)기록한다. fwrite()함수는 실제로 기록한 데이터 블럭 수를 반환한다. 즉, 함수가 성공적으로 수행되면 n값을 반환하고 그렇지 않은 경우는 에러가 발생한다.

예 제 11-18 fread() 함수

```
#include <stdio.h>
int main(void)
{
 FILE *fpt;
 char a[] = "computer";
 if((fpt = fopen("test3.dat", "wb")) == NULL){
   printf("cannot open file\n");
   exit(1);
 }
 fwrite(a, sizeof(a), 1, fpt);
 fclose(fpt);
 return 0;
}
```

(실행 결과)

실행 후 test3.dat 파일의 내용은 다음과 같다.

```
computer
```

11.4.12 exit()

프로그램에서 오류 조건이 검출 되었을 때 프로그램을 의도적으로 종료시켜야 할 경우가 있다. 프로그램의 main함수의 마지막 문장이 실행되면 프로그램이 자동적으로 종료되지만 명백하게 어떤 함수의 실행을 종료 시키려면 exit()함수를 사용한다.

이 함수의 형식은 다음과 같다.

(형식)

```
void exit(int n)
```

여기서 인수로 사용된 n은 정수형 상태 값으로 호출 프로세서에 전달된다. UNIX하에서 상태값이 0이면 프로그램이 정상적으로 종료된 경우를 나타내며 0이 아닌 다른 값이면 어떤 오류 조건이 검출된 상태를 나타내는 것이다. 상태값 n은 프로그램이 성공적으로 수행되었는지 그렇지 않은지를 결정하기 위해 다른 프로세서에 의해서 검사될 수도 있다. exit()함수 사용 예로서 다음 문장을 살펴보자.

만약 읽기모드로 설정된 test.dat파일이 개방되지 않는다면 상태값 1을 가지고 프로그램이 종료될 것이다.

```
if((input = fopen("test.dat", "r")) == NULL){
        fprintf(stderr, "cannot open test.dat file\n");
        exit(1);
}
```

11.4.13 fseek()

fseek() 함수는 랜덤 파일의 입출력 작업을 지원하는 함수로서 형식은 다음과 같다.

(형식)

```
int fseek(File *file-pointer, long offset, int mode)
```

파일포인터 file-pointer가 포인터 하는 파일의 입출력(읽기, 쓰기) 위치를 위치이동 mode(int 값)에 따라 offset(long int 값)바이트 만큼 이동시키기 위하여 사용되며 정상 수행시에는 0 그렇지 않은 경우는 0이 아닌 값을 반환한다.

이동기점을 나타내는 mode는 0,1,2의 값을 갖으며 의미는 다음과 같다.

mode 명	정수값	의 미
SEEK_SET	0	파일의 처음 부터
SEEK_CUR	1	파일의 현재위치로 부터
SEEK_END	2	파일의 끝으로 부터

여기서 mode는 모드명이나 모드에 해당하는 정수값을 사용할 수 있다.

이진 파일의 처리시와 달리 텍스트 파일 처리시에는 CR, LF 와 '\n'변환 때문에 기점으로 부터 변위(offset)바이트 만큼 정확하게 이동시키기 어렵다.

따라서 mode 0 에서 변위 0, 혹은 mode 2 에서 변위 0 등을 지정하여 파일의 선두나 파일 끝으로 위치를 이동 시킨 후 사용하는 것이 착오를 피할 수 있는 방법이다.

가령

fseek(file-pointer, 10L, SEEK_SET);

은 파일의 선두에서 10 byte 째 문자를 대상으로 작업하기 위해 위치 이동하는 것이다.

예 제 11-19 fseek 함수

```
#include <stdio.h>
int main(void)
{
  FILE  *fpt ;
  char a[30] = "ABCDEFGHIJKLMN";
  char b[30], *p = b;
  if((fpt=fopen("test4.dat" ,"a+" )) == NULL)
   {
    printf("cannot open file\n");
    exit(1);
   }
  fprintf(fpt, "%s",a);
  fseek(fpt,4L,SEEK_SET);
  fscanf(fpt, "%5s", b);
  while( *p != '\0')
    putchar(*p++);
  fclose(fpt);
  return 0;
}
```

(실행 결과)

```
EFGHI
```

11.4.14 ftell()

지정된 스트림에 대한 현재 파일의 위치값을 반환하는 함수로서 형식은 다음과 같다.

(형식)

```
long ftell(FILE *file-pointer)
```

ftell()함수는 file-pointer가 지시하는 파일에 대한 현재 파일위치의 값을 반환한다. 이진파일의 경우에 있어서 반환되는 값은 파일의 시작 위치를 기점으로 하는 바이트 길이를 나타낸다. 텍스트 파일에 있어서 반환되는 값은 있을수 있는 문자변환 (CR, LF ↔ '\n')때문에 fseek()에 대한 인수로 사용되는 것을 제외하고는 의미가 없다. 즉, 캐리지 리턴/라인피드가 개행문자로 변환되면 파일의 피상적인 크기에 영향을 주게된다.

ftell() 함수는 에러가 발생하면 -1L을 리턴한다. 만약 랜덤하게 탐색할 수 없는 터미널 화면과 같은 것일 경우에는 리턴값이 정의되지 않는다.

예제 11-20 ftell() 함수

```
#include <stdio.h>
int main(void)
{
   long n;
   FILE *fpt;
   if((fpt = fopen("test5.dat", "rb")) == NULL){
      printf("cannot open file\n");
      exit(1);
```

```
    }
    fseek(fpt, 0L, 2);
    if((n = ftell(fpt)) == -1L)
      printf("A file error has accured.\n");
    else
      printf("file size = %ld\n", n);
    return 0;
  }
```

다음은 입력파일 test5.dat의 내용이다.

```
Necessity is the mother of invention.
No cross, no crown.
```

(실행 결과)

```
file size = 61
```

11.4.15 rewind()

rewind()함수는 파일 위치 표시자(file position indicator)를 해당 파일의 선두 위치로 옮겨주는 기능을 갖으며 다음 형식을 갖는다.

(형식)

```
void rewind(FILE *file_pointer)
```

파일 포인터 file_pointer로 지정한 파일의 위치 표시자를 처음으로 옮기기 때문에

fseek(file_pointer, 0L, SEEK_SET)

의 문장을 수행한 것과 동일하다. 이 함수는 반환 값을 갖지 않는다. 다음 예제는 파일 포인터 fpt에 의해서 지시되는 파일을 두 번 판독하는 경우이다.

예 제 11-21 rewind()의 사용

```
#include <stdio.h>
int main(void)
{
  int i;
  FILE *fpt;
  if((fpt = fopen("test6.dat", "r")) == NULL){
    printf("cannot open file.\n");
    exit(1);
    }
  while(!feof(fpt))
    putchar(getc(fpt));
  rewind(fpt);
  while(!feof(fpt))
    putchar(getc(fpt));
  return 0;
}
```

(test6. dat의 내용)

```
The thief must steal no more,
but rather toil to earn a living with his own hands.
```

(실행 결과)

```
The thief must steal no more,
but rather toil to earn a living with his own hands.
```

11.4.16 fflush()

출력버퍼의 자료전체를 파일에 기록하도록 하는 함수로서 형식은 다음과 같다.

(형식)

```
int fflush(FILE *file_pointer)
```

만약 file_pointer가 가리키는 파일이 기록 모드로 개방되어 있다면 fflush()함수의 호출로 출력 버퍼의 내용을 파일에 강제적으로 기록한다. 만약 입력 모드로 설정된 파일이라면 입력 버퍼의 내용은 지워진다. 함수가 성공적으로 수행되면 0의 값을 반환하고 오류 발생시는 EOF값을 반환한다. 모든 버퍼는 프로그램이 정상적으로 종료되거나 버퍼가 가득 채워질 때 자동적으로 자료가 일시에 옮겨진다. 파일 종료시에도 파일에 대한 버퍼는 비워진다.

다음 예는 기록 작업 후 버퍼를 비우는 경우의 예다.

```
        :
        :
fwrite(buffer, sizeof(data_type), 1, fpt);
fflush(fpt);
        :
        :
```

11.4.17 fsetpos(), fgetpos()

이들 함수는 파일 포인터의 위치 설정 및 위치를 파악하는 함수로서 다음 형식을 갖는다.

(형식)

```
int fsetpos(FILE *file_pointer, const fpos_t *pos)
int fgetpos(FILE *file_pointer, fpos_t *pos)
```

이 두 함수는 stdio.h에 선언되었으며 표준 헤더 stdio.h에 typedef문으로 fpos_t형 정의가 다음과 같이 되어 있다.

```
typedef long fpos_t;
```

fsetpos()함수는 파일 위치를 인수 pos가 가지고 있는 값으로 설정한다. 이 값은 fgetpos()함수를 호출하여 얻을 수 있다. fsetpos()함수가 수행되면 파일 끝(end of file) 표시는 리셋(off)된다. ungetc()함수에 대한 이전 호출도 무효화된다. 즉, ungetc()함수로 반환된 문자는 삭제된다.

fsetpos()함수의 수행이 성공적이면 0의 값을, 실패하면 0이 아닌 값을 반환한다. 예로서 현재의 위치를 pos값으로 설정하려면

```
fsetpos(file_pointer, &pos);
```

라고 기술하면 된다.

이 문장은 다음 문장과 동등하다.

```
fseek(file_pointer, pos, SEEK_SET)
```

한편 fgetpos()함수는 파일 위치 정보를 판독하는 함수로서 인수 pos에 file_pointer에 의해서 포인터되는 대상파일의 파일 위치 표시자의 값을 기억한다. 여기에 기억되는 값은 fsetpos()함수가 뒤에 호출 될 때 유효하게 사용될 수 있다.

```
        :
        :
    FILE   *fpt;
  fpos_t   pos;
        :
        :
  fgetpos(fpt, &pos);
```

위 문장은 pos에 현재 파일 위치를 읽어 기록한다. 함수가 성공적으로 수행되면 0의 값을 그렇지 않으면 0이 아닌 값을 반환한다.

연습문제

1. 여러분이 사용하는 c컴파일러에서 이 장에 수록된 3개의 프로그램을 선택하여 실행시키고 실행결과를 본 장에서 제시한 실행결과와 비교하여라.

2. 임의 파일의 내용을 다른파일에 복사하는 프로그램을 작성하라.

3. 두 개의 텍스트 파일 내용을 대응하는 라인별로 합병시키는 프로그램을 작성하라.

4. 임의 파일내용을 읽어들여 표준 출력파일은 화면의 n행m열 영역에 출력하는 프로그램을 작성하라. (m, n 값은 입력으로 받아들인다.)

5. 임의 파일을 읽어 20행씩 출력하는 프로그램을 작성하라.

6. 임의 파일을 읽은후 행 번호를 붙여 출력하는 프로그램을 작성하라.

7. 임의 파일을 읽고 특정 단어를 탐색하여 다른 단어로 고쳐 다른 파일에 출력하는 프로그램을 작성하라.

8. 다음 프로그램을 분석하고 프로그램의 기능을 설명하라.

```
#include <stdio.h>
main( int argc, char *argv[ ] )
{
```

```
int i = 1;
int c,cn = 0;
FILE *fp, *fopen( );

system("clear");
if ( argc < 2 || argc > 2 ) {
        printf( " try again ! \n");
        printf( " format : a.out inputfile \n");
        printf( "    ===> : a.out filename \n");
        exit(0);
}

if ( ( fp = fopen( argv[1] , "r" ) ) == NULL ) {
        printf("cannot open file \n");
        exit(0);

}

while ( ( c = getc(fp) ) != EOF ) {
        if( c == '\n' ) {
                c = getc(fp);
                if(c == EOF ) exit(1);
                if(c != '\n') {
                        printf("\n[%3d]", ++i);
                        putc( c, stdout );
                }
                else {
                        printf("\n[%3d]",++i);
```

```
                    putc( c, stdout );
                    printf("[%3d]",++i);
                }
            }
            else {
                if(cn == 0) {
                    printf("[%3d]",i);
                    cn = 1;
                }
                putc( c, stdout );
            }
        }
        fclose(fp);
        return 0;
        }
```

9. 다음 프로그램의 기능은 무엇인가?

```
#include <stdio.h>
#include <ctype.h>
main( int argc, char *argv[] )
{
int i = 1;
int c, cn=0, ch, cont();
FILE *fp;

system("clear");

if ( argc < 3 || argc > 3 ) {
```

```
        printf("Input error ! \n ");
        printf("command: exe_file input-file line_number \n");
        printf("      ===> : a.out filename line data \n");
        exit(0);
}
if( (fp = fopen(argv[1], "r" ) ) == NULL ) {
        printf(" cannot open file \n");
        exit(0);
}

ch = atoi(argv[2]);

if(ch <= 0){

        printf("Error ! Input data\n");
        exit(0);
}

while ( (c = getc(fp) ) != EOF ) {
        if( c == '\n' ) {
                if ( i==ch ) i = cont( );
                c = getc(fp);
                if(c ==EOF)exit(1);
                if(c != '\n') {
                        printf("\n[%3d] ",++i);
                        putc( c, stdout );
                    }
                else {
```

```
                        if (i==ch) i = cont();
                        printf("\n[%3d]",++i);
                        putc( c, stdout );
                        printf("[%3d]",++i);
                }
        }
        else{
                if(cn == 0){
                        printf("[%3d]", i);
                        cn = 1;
                }
                else putc( c, stdout );

        }
  }
  fclose(fp);
  return 0;
}

int cont()
{
  printf("\n\nEnter key . . . . . . ");
        getchar();
        return(0);
}
```

10. 다음 프로그램의 기능을 설명하라.

```
#include <stdio.h>
```

```
main( argc, argv )
int argc;
char *argv[];
{
FILE *fopen(), *infile_ptr;

if( argc != 2) {
                printf("\nUsage: %s infile\n\n", argv[0]);
                exit(1);
        }
        infile_ptr = fopen( argv[1], "r" );
        double_space( infile_ptr);

        fclose( infile_ptr );
        return 0;
 }

double_space(ifp)
FILE *ifp;
 {
 int c;

 while( ( c = getc( ifp ) ) != EOF ) {
                putc( c, stdout );
                if( c == '\n' )
                        putc( '\n', stdout );
 }
}
```

Chapter 12

화면 제어

12.1 화면 처리(Screen handling)

일반적으로 개발하여 통용되는 프로그램은 크게 두 영역으로 구분할 수 있다. 그 하나는 해당 프로그램의 지식이 없이 개발된 프로그램을 단지 이용하는 사용자 인터페이스 영역과 소프트웨어를 개발한 사람만이 이용하는 영역이다.

사용자 인터페이스 부분은 해당 소프트웨어를 사용자가 자세하게 이해하지 못한다는 가정 하에 사용자 위주로 편리하게 작성해야 한다. 어떤 DBMS에서는 사용자 편의 위주의 인터페이스를 작성할 수 있도록 화면 처리기(screen handler)를 제공하는 경우도 있다.

화면처리용 패키지가 없는 경우 화면 조작 업무는 오직 프로그래머의 재능에 의존할 수밖에 없다. C언어로 프로그램을 개발하는데 있어서 curses 패키지는 화면 처리 기능을 제공하는 편리한 도구가 되고 있다. 화면 처리 패키지 curses를 이용함으로써 프로그래머는 다양한 터미날의 특성에 종속되는 화면 처리 작업 부담을 크게 줄일 수 있다. 왜냐면 curses 패키지가 다양한 터미날 특성에 관한 데이터베이스를 갖고 있기 때문이다. 이 장에서는 사용자에게 더욱 친숙한 프로그램을 개발하기 위하여 화면 처리에 필수적인 curses라이브러리의 기능과 사용방법에 대해서 설명하기로 한다.

12.2 curses의 구성

최적화면 갱신 기능을 제공하는 curses는 다음과 같은 세 가지 기능을 갖는다.

(1) 화면 갱신(Screen updating)
(2) 사용자 입력 화면 갱신(Screen updating with user input)
(3) 커서 이동의 최적화(cursor motion optimization)

이 장에서 설명하는 내용의 이해를 돕기 위해서 자주 사용되는 몇몇 중요한 용어들을 정의해 보기로 한다.

- 윈도우(window) : 어느 시점에서 터미날 스크린 일부에 임의 영상을 내포하는 내부적 조상(調象)을 말하며 여기서는 전체

터미날 화면은 물론 단일문자를 표현하는 작은 화면까지 지칭 한다.

- 터미널(terminal) : "터미날 화면"으로 불려 질 수 있으며 해당 터미날의 현재 영상을 일컫는다.
- 스크린(screen) : 터미날 화면 크기의 윈도우 부분 집합으로서 stdscr은 자동적으로 제공되는 스크린의 하나이다.

12.3 include 및 컴파일(Compile)

curses라이브러리를 사용하기 위하여 특정 자료형과 정의된 변수가 존재해야 한다. 따라서 프로그램 문장의 상단에 다음 문장

```
#include <curses.h>
```

을 기술하므로서 프로그램 수행에 필요한 자료형과 변수를 참조할 수 있다.

<curses.h>는 <sgtty.h>와 <stdio.h>를 포함하기 때문에 <stdio.h>를 재정의 하는 일은 해롭지 않지만 불필요하다. curses를 이용하는 소스파일의 컴파일 형식은 다음과 같다.

```
cc [flag] file . . . . -lcurses
```

12.4 사용 화면

윈도우 자료구조는 스크린의 시작 위치(좌 상귀)와 스크린 크기를 포함한 윈도우 모양을 해당 함수에 기술해 준다. 이러한 구조의 하나인 curscr(current screen)은 현재 스크린 상의 화면영상이며, stdscr(standard screen)은 화면 변화를 위한 default로서 존재한다.

윈도우는 순수한 내부적 표현(internal representation)으로 터미날 스크린의 한 부분을 사용하여 가능한 영상을 만들거나 저장하는데 사용된다. 윈도우가 터미날 스크린에 실제로 있는 영상과 조화를 이루어야 되는 것은 아니다. 그것은 배열 원소의 값이 변하는 문자 배열과 같다. 터미날의 한 부분이 어떤 모습인지를 어떤 윈도

우에서 기술해 줄때 refresh() (혹은 wrefresh()) 함수는 윈도우가 가리는 면적을 윈도우처럼 터미날로 만들어 주며 어떠한 윈도우상의 변화도 터미날을 변화시키지 않는다. 실제적인 터미날 화면에 대한 갱신은 refresh()혹은 wrefresh()함수의 호출로 가능하다. 이는 어느 터미날 부분을 보일 것인가에 대해서 다양한 방법을 제시해준다. 여러 윈도우에서 여러 가지 화면 처리 함수를 사용할 수 있으며 특별히 curscr, stdscr에서는 그 함수들을 자동적으로 이용한다.

12.5 규정

대부분의 함수에 대한 디폴트(default)화면은 stdscr이다. 예를 들면 stdscr에 단일 문자를 추가시키기 위하여 원하는 문자를 인수로 하여 addch()를 호출한다. 만약 stdscr를 제외한 다른 window가 사용된다면 waddch()함수(window 전용 addch() 함수)를 사용한다. 함수 addch()는 디폴트값으로 stdscr을 인수로 갖는 "#define" 매크로이다. "w"문자가 앞에 붙는 함수는 특정 윈도우에 응용되는 것이 관례이다. 함수 move()와 wmove()는 현재 커서 위치(y, x)를 한 곳에서 다른 곳으로 이동시키는 기능이 있기 때문에 move()함수는 일단 커서를 이동시키고 윈도우 입출력 작업을 하기 위해서 사용된다. 대부분의 I/O함수명에 접두사 "mv"가 첨부되고 목표점 좌표(y, x)가 함수의 인수로 추가 된다.

예로서

```
wmove(win, y, x)
waddch(win, ch)
```

는

```
mvwaddch(win, y, x, ch);
```

로 치환할 수 있다.

윈도우를 나타내는 포인터 win은 add(y, x) 좌표 이전에 기술된다.

12.6 출력장치 환경

터미날 환경 설정용 변수들은 다음과 같다.

(표 12-1) 터미날 환경 변수

형	변 수 명	기 능
WINDOW	*curscr	스크린의 현재 version(터미날 스크린)
WINDOW	*stdscr	표준 스크린(대부분의 갱신작업을 수행함)
char	*Def-term	default터미날 형
bool	*Myterm	터미날로서 Def-term내의 사양을 이용 (실제 터미날과는 무관)
char	*ttytype	현재 터미날의 명칭
int	LINES	해당 터미날의 라인 수
int	COLS	해당 터미날의 컬럼 수
int	ERR	실패시 반환 플래그
int	OK	성공적 수행시 반환 플래그

(표 12-2) 유용하게 사용되는 #define상수와 자료형

reg	기억 부류 register형
bool	boolean형, char형
TRUE	boolean "참" 플래그
FALSE	boolean "거짓 " 플래그

12.7 스크린의 초기화

스크린 패키지를 이용하기 위해서는 해당 함수에 터미날 특성이 기술되어져야 하며 curscr과 stdscr에 대한 영역이 먼저 할당 되어야 한다. 이러한 작업은 initscr()함수에 의해 이루어진다.

윈도우 영역의 할당 작업시 core에 overflow가 발생할 수 있으며 이 경우 initscr()은 ERROR를 반환한다.

initscr()은 윈도우 사용에 영향을 주는 함수가 호출되기 전에 먼저 호출되어야 하며 그렇지 않을 경우 프로그램은 curscr 또는 stdscr이 참조되자 마자 core dump된다. nl(), crmode()와 같은 터미날 상태를 변경시키는 함수는 initscr() 함수의 호출 후에 사용할 수 있다.

12.8 스크린 scrolling

스크린 윈도우가 할당될때 실행 조건에 대한 설정이 이루어진다. 윈도우를 scroll 하기 위해 scrollok()함수를 사용해야 하며 scroll작업 후 커서를 남겨두기 위해서 leaveok()함수를 사용한다. 그렇지 않으면 refresh()에 의해서 윈도우의 현 좌표(y, x)로 커서가 이동된다. newwin()과 subwin()함수는 새로운 윈도우를 생성할때 이용하며 delwin()는 사용치 않는 윈도우를 제거할때 사용한다. 터미날 화면의 크기를 변경하는 일은 LINES 및 COLS 변수를 직접 조정한 후 initscr()를 호출하므로서 가능하다. 이 작업은 initscr()함수에 대한 첫 번째 호출 이전에 잘 수행될 수 있지만 새로운 윈도우가 생성 되기전 기존의 stdscr이 소거된 후에도 수행할 수 있다.

12.9 화면 갱신

윈도우에 변화를 주는 기본적인 함수는 addch()와 move()함수다. addch()함수는 그 시점의 (y, x)좌표에 문자를 추가하며 비합법적으로 윈도우가 scroll될때 ERR를 반환한다. (만약 scroll이 허용되지 않는다면 자동적으로 scroll되는 터미널의 좌하단에 단일 문자를 출력한다.) move()함수는 커서의 좌표(y, x)를 이동시킨다. 만약 move()를 이용하여 새로운 좌표로 윈도우를 이동시키는 경우 scroll이 허용되지 않게되면 오류가 반환된다. 출력함수 addstr()과 printw()는 윈도우상에 문자를 출력할 수 있도록 addch()를 호출한다.

refresh()함수는 목표 상태로 윈도우를 수정한 다음 디스플레이를 위해서 호출된다. 윈도우 변화에 대한 탐색을 최적화하기 위해서 터미널 화면이 불변 윈도우를 마지막으로 refresh한 이래, 윈도우의 어느 부분도 변하지 않았다고 가정한다. 즉, 터미날의 어느 부분도 윈도우가 중복된 상태로는 refresh되지 않는다.

한편, touchwin()함수는 전체 윈도우를 변경시킬 때 사용되며 refresh()함수로 하여금 터미날의 전체 영역에 대해서 변화 발생 여부를 검사하도록 한다. 만약 curscr상태에서 wrefresh()함수가 호출되면 현재의 화면이 나타나게 된다. 이 명령은 화면을 재작성할 때 사용하면 편리하다.

12.10 화면 입력

입력은 필연적으로 출력에 대칭되는 경상(鏡象)이라 말할 수 있다.

addch()함수에 대한 보완적 함수로 getch()가 있으며, 만약 echo기능이 설정되면 문자 전체를 echo시키기 위해서 addch()함수를 호출한다. 만약 해당 터미널이 raw 혹은 cbreak모드 상태에 있지 않으면 getch()함수 호출로 터미널을 cbreak상태로 설정하고 문자를 읽을 수 있게 된다.

12.11 처리 종료(Processing Exit)

화면 관련 함수가 실행되기 전에 최적화를 위해 일련의 작업을 실행해야 된다. 이런 작업은 initscr()함수 호출시 gettmode()함수와 setterm()함수에서 수행된다. endwin() 함수는 모든 함수 작업을 삭제시키며 터미날 모드를 initscr()함수 첫 호출시의 상태로 회복시킨다. 따라서 initscr()함수가 호출된 이후에 프로그램을 종료시키기 위해서는 반드시 endwin()함수를 호출해야 한다.

12.12 화면 제어 사례

본 절에서는 앞서 설명한 curses패키지를 활용한 몇 가지 기초적인 화면 처리 예제를 소개하기로 한다.

12.12.1 문자의 출력

curses패키지는 이용하는 터미널의 제 특성을 UNIX의 shell변수인 TERM의 설정 상태로 부터 얻게 된다. 모니터의 화면은 행과 열로 구성되어 있다. 대부분의 스크린이 24행 80칼럼이지만 프로그래머는 이러한 가정에 의존하는 것보다 화면 크기를 정의하는 LINES와 COLS변수를 사용하는 것이 바람직하다.

이 변수들은 curses함수 initscr에 의해서 정의된다. 다음과 같은 화면 가장 자리를 따라 box를 그리는 간단한 프로그램을 작성해 보자.

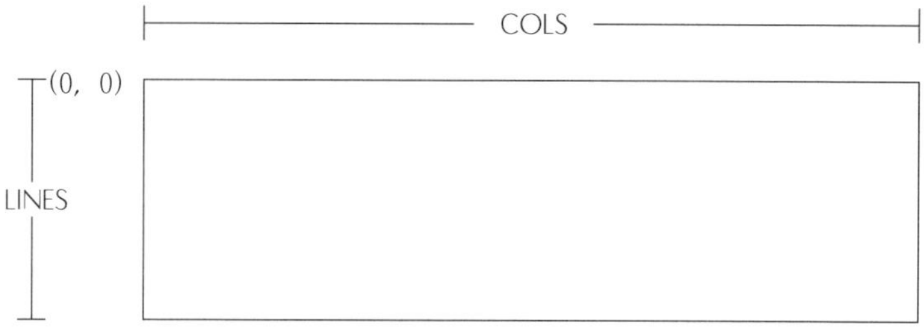

그림 12.1 화면 주위의 BOX작성

예 제 12-1 문자 출력 함수 응용

```
#include<stdio.h>
#include <curses.h>
int main(void)
{
 int  i;
 /* 초기화 */
 initscr();
 clear();

 /* 수직 선분 그리기 */
 for(i=0; i<LINES; ++i)
 {
     move(i, 0);
     addch('|');
     move(i, COLS-1);
     addch('|');
 }
```

```
/* 수평 선분 그리기 */
for(i=0; i<COLS; ++i)
{
    move(0, i);
    addch('-');
    move(LINES-1, i);
    addch('-');
}
/* 화면 갱신 */
refresh();
/* 화면 갱신 종료 */
endwin();
return 0;
}
```

위 예에서 initscr함수는 화면 처리 파라메터와 모드를 초기화 시키며 move함수는 화면의 목표지점에 커서를 이동시키기 위해서 사용된다. 화면에 대한 행과 열의 숫자는 화면 좌상귀에서 0부터 시작된다. 커서가 이동되면 문자 및 문자열 자료를 addch나 addstr 함수를 이용하여 출력할 수 있다. refresh함수는 화면의 변경된 내용을 반영하여 화면 자체를 갱신 할 때 사용하며 clear함수는 화면 삭제를 위해서 사용한다. 최종적으로 endwin함수를 사용함으로써 터미널 상태를 initscr함수를 호출하기 이전 상태로 변경시킬 수 있게 된다.

예제의 소스 파일명칭을 test.c라 했을 경우 다음 명령행

```
cc test.c -lcurses
```

으로 컴파일되고 curses라이브러리와 링크가 이루어진다.

```
a.out
```

명령에 의해 그림 12.1과 같은 화면이 보여 진다.

12.12.2 문자의 특성 지정

다음 예제에서는 이름과 다섯 글자 길이의 학번을 입력받아 처리하는 다음과 같은 간단한 입력 화면을 나타내는 프로그램을 작성해 보자.

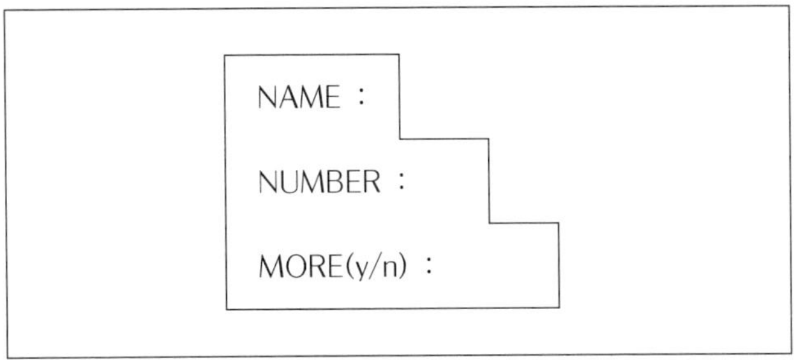

그림 12.2 입력 화면

예제 12-2 문자의 특성 지정

```
#include<stdio.h>
#include <curses.h>
int main(void)
{
 FILE *fpout, *fopen();
 char response[24];
 fpout = fopen("outfile", "w");
 initscr();
 clear();
 attron(A_STANDOUT);
 move(2, 2);
 addstr("NAME :  ");
 move(3, 2);
 addstr("NUMBER : ");
 move(4, 2);
 addstr("MORE(y/n) : ");
 attroff(A_STANDOUT);
 refresh();
 while(1)
```

```
{
  move(2, 9);
  clrtoeol();
  getstr(response);
  fprintf(fpout, "%s", response);
  while(1){
          move(3, 11);
          getstr(response);
          move(LINES-1, 0);
          clrtoeol();
          if(strlen(response) != 5){
                               move(LINES-1, 0);
                               beep();
                               addstr("Invalid student
                               number, enter again");
                               refresh();
                              }
          else{
                fprintf(fpout, "%s\n", response);
                break;
             }
          }
  move(4, 14);
  getstr(response);
  if(response[0] == 'y')
    continue;
  else
    break;
}
endwin();
close(fpout);
return 0;
}
```

만약 학번이 다섯 글자보다 길거나 짧으면 화면 하단에 "Invalid student number, enter again"이란 오류 메시지를 출력한다. 자료 입력 후에 다음 자료를 계속 입력할 것인가의 여부를 묻기 위해서 커서는 좌표(4, 14) 위치로 이동된다. 이때 'y'를 입력하면 다음 레코드 입력을 위해서 좌표(2, 9)로 커서가 이동된다. 이때 'y'문자 이외의 다른 입력은 프로그램의 실행을 종료시킨다. 프롬프트와 에러 메시지는 역상 모드로 표시되고 모든 오류 메시지 출현 전에는 경고음이 발생된다. 입력되는 모든 자료는 "outfile"에 기억된다. 이 예제에서는 curses패키지에 포함된 많은 특징을 지니는 함수를 활용하고 있다. 첫째로 attron함수는 특별하게 문자의 특성을 부여하는데 이용되는 함수로서 이 함수에 대한 인수는 문자 특성을 지정한다.

자주 사용하는 인수로는 A_UNDERLINE, A_REVERSE, A_BOLD, A_BLINK, A_STANDOUT 등이 있다. 이 특성의 조합을 위해서 C언어의 논리 연산자 OR(|)를 이용한다. 문자 특성은 attroff함수에 의해서 해제되며 attroff함수에 대한 인수 사용법은 attron함수의 사용법과 동일하다. clrtoeol함수는 화면의 현 위치로 부터 그 행의 끝까지 화면을 삭제시키고 beep함수를 사용하여 터미날에 벨소리를 발생시킨다. getstr함수는 표준 입력 장치로 부터 개행문자를 만나기 이전까지의 한 행(line)의 문자열을 읽어들인다. 다른 입력함수 getch는 한 차례에 한 문자씩 읽는다.

12.12.3 출력장치 모드 설정

앞서 언급했듯이 curses는 터미널 모드를 설정하는 유용한 함수를 제공한다. 디폴트 모드는 프로그램 실행 시에 설정한 터미널 특성과 모드에 따라 좌우된다. curses패키지는 터미널로 부터 데이터를 읽어 들이는 함수를 제공하며 이 함수들은 개행문자를 만난 이후에만 프로그램에 문자 입력을 허용한다. 이것은 터미널을 cbreak모드로 설정함으로써 변경된다. cbreak와 nocbreak함수는 터미널을 cbreak모드로 설정하고 해제시키기 위하여 사용된다. raw와 noraw함수도 동일한 기능을 제공한다. 터미널이 raw함수에 의해서 raw모드로 설정되면 몇몇 신호발생문자는 해독되지 않고 통과된다. nl과 nonl함수는 출력시 개행문자를 캐리지 리턴과 라인피드로 변환하고 입력시에는 리턴키를 개행문자로 변환해준다. 이러한 변환 기능을 해제시키면 커서 이동이 신속하게 이루어질 수 있다.

함수 savetty을 이용하여 현재의 터미널모드를 저장할 수 있으며 뒤이어 resetty함수를 호출하므로서 다시 저장할 수 있다. savetty와 resetty의 함수 호출 사이의 중간에 이루어진 모든 설정은 무효화 된다.

echo와 noecho함수는 사용자가 키보드를 통해 입력하여 화면에 문자를 나타내는 에코(echo)기능을 통제한다. 에코 기능은 가령 사용자가 패스워드를 입력 할 때 중지된다. 에코 기능을 이용한 다음 프로그램은 어떤 프로그램에 대한 패스워드를 설정하는 예제이다.

예제 12-3 noecho()함수

```
#include <curses.h>
 int main(void)
 {
   char string[25];
   int count;

   /***  initialize ***/
   initscr();
   clear();
   /*** display the Password prompt ***/
   move(2, 1);
   addstr("Enter Password: ");
   refresh();

   /*** disable echoing ***/
   noecho();

   /***Loop while the user gets the correct password ***/
   /*** in ten attempts ***/
   while(1)
          {
           getstr(string);
           ++count;
           if(strcmp("passwd", string) == 0)
```

```
            {
              /* enable echoing again */
              echo();
              endwin();
              system("next.exe");
              exit(0);
            }
  if(count>5)
            {
              move(LINES-1, 0);
              addstr("Too many attempts!");
              refresh();
              endwin();
              exit(0);
            }
  else


             {
              move(LINES-1, 0);
              addstr("Invalid password, try again");
              refresh();
              sleep(2);
              clrtobot();
              move(2, 18);
              refresh();
             }
          }
  return 0;
}
```

위 예제에서는 사용자에게 패스워드를 입력할 수 있는 기회를 5회 허용하고 있다. 만약 패스워드 입력에 실패하면 “Too many attempts !"라는 메시지를 출력한 후 프로그램 실행이 종료된다. 부정확한 패스워드의 입력시에는 ”Invalid password, try again."란 오류 메시지를 출력한다. 사용자가 정확한 패스워드를 성공적으로 입력하면 system명령의 인수 next.exe 파일이 실행되며 사용자가 패스워드를 입력하는 동안에는 에코기능이 해제된다. clrtobot함수는 clrtoeol함수와 유사하다. clrtoeol함수는 현재 커서가 있는 곳에서 라인의 끝까지 삭제시키고 clrtobot함수는 현재 커서가 있는 위치 우측으로부터 화면의 하단까지 삭제하는 기능을 갖는다.

이 예제에서 보여준 문자의 에코 특성 설정과 해제의 기능은 프로그램의 보완성을 향상시키는 좋은 도구가 된다.

12.12.4 window사용

앞 절에서는 getch, addch, getstr, addstr함수들을 다루었다. 이러한 함수들은 터미널을 대상으로 형식화 되지 않은(unformatted) 입출력 자료를 처리하는데 유용하다. curses에서는 printf와 scanf함수의 변형으로 터미널을 대상으로 사용할 수 있는 형식화된(formatted) 입출력함수 printw와 scanw함수를 제공한다. printw함수는 printf와 사용법이 유사하고 형식화된 자료의 출력을 위해 사용된다. scanw함수는 표준입력장치로부터 형식화된 자료를 읽기위해 사용된다.

curses는 화면의 일부분을 전체화면처럼 사용할 수 있도록 특별한 자료구조를 제공한다. 전체화면 중에서 사용자가 정의하여 사용하는 부분적인 화면을 윈도우(window)로서 정의한다. curses에서 정의한 윈도우는 물리적인 화면보다 크기를 크게 할 수 없다. 윈도우 자료구조는 그 자체가 각 문자와 관련된 특성과 연관된 항목의 자료를 갖는 2차원 문자 배열로 구성된다.

윈도우는 newwin함수로서 생성하며 윈도우 생성시 라인수, 컬럼수, 시작 좌표 등의 인수에 대한 정보가 요구된다. 윈도우는 사용자가 작업할 수 있는 여러 개의 화면을 교대로 사용할 수 있도록 하며, 표준 화면을 조작할 때 사용한 대부분의 함수를 윈도우 작업 시 이용할 수 있다. 윈도우에서 사용하는 함수들은 접두사 'w'문자를 갖으며 그 함수들이 사용되는 윈도우를 함수의 첫 번째 인수로 한다.

다음 예제는 2개의 윈도우를 활용하는 프로그램이다.

예제 12-4 윈도우 응용

```
#include<stdio.h>
#include <curses.h>
int win_ind;
WINDOW *win_parts, *win_supp;
char part_no[25][8], part_desc[25][25], supp_no[25][8];
char supp_name[25][25];
int main(void)
  {
    FILE *fp_parts, *fp_supp, *fopen();
    int eof = 2, i;
    fp_parts = fopen("parts.file", "r");
    fp_supp = fopen("supp.file", "r");

    /*** Initialize the parts and suppliers array from the files ***/
    while(1)
            {
             eof = fscanf(fp_parts, "%s%s", part_no[i], part_desc[i++]);
             if(eof == EOF) break;
            }
    cof - 2;
    i = 0;
    while(1)
            {
             eof = fscanf(fp_supp, "%s%s", supp_no[i], supp_name[i++]);
             if(eof == EOF) break;
             }



     /*** Initialize the two prompts for the two windows ***/
```

```
initscr();
win_parts = newwin(0, 0, 0, 0);
win_supp = newwin(0, 0, 0, 0);
wmove(win_supp, 0, 0);
waddstr(win_supp, "supp no : ");
wmove(win_parts, 0, 0);
waddstr(win_parts, "part no : ");
wmove(win_supp, 1, 0);
waddstr(win_supp, "supp name : ");
wmove(win_parts, 1, 0);
waddstr(win_parts, "parts desc : ");
wmove(win_parts, LINES-1, 0);
waddstr(win_parts,"Enter c to change window, q to quit");
wmove(win_supp, LINES-1, 0);
waddstr(win_supp, "Enter c to change window, q to quit");
win_ind = 1;
while(1)
        {
         switch(win_ind)
                {
                 case 1 :
                         parts();
                         break;
                 case 2 :
                         suppliers();
                         break;
                }
        }
return 0;
}
```

```
/*** function to manipulate the parts window ***/
parts()
 {
   int i, found;
   char in_part[8];
   touchwin(win_parts);
   wmove(win_parts, 0, 10);
   wgetstr(win_parts, in_part);
   while((strcmp(in_part,"q") != 0) && (strcmp(in_part, "c" ) != 0))
     {
       found = -1;
       for(i=0; i<25; ++i){
          if(strcmp(in_part, part_no[i]) == 0)
            {
              found = i;
              wmove(win_parts, 1, 12);
              wclrtoeol(win_parts);
              waddstr(win_parts, part_desc[i]);
              wmove(win_parts, 1, 10);
              wrefresh(win_parts);
              break;
            }
     }
     if(found == -1)
      {
        wmove(win_parts, 1, 12);
        wclrtoeol(win_parts);
       }
   wmove(win_parts, 0, 10);
   wgetstr(win_parts, in_part);
 }
```

```
    /*** if q quit the session ***/
    if (strcmp(in_part, "q") == 0)
    {
      endwin();
      exit(0);
    }

    /*** if c change the window ***/
    if (strcmp(in_part, "c") == 0)
      {
        win_ind = 2;
        return(0);
      }
  }

/*** Function to manipulate the suppliers window ***/
suppliers()
 {
    int i, found;
    char in_supp[8];
    touchwin(win_supp);
    wmove(win_supp, 0, 10);
    wgetstr(win_supp, in_supp);
    while((strcmp(in_supp,"q")!=0)&&(strcmp(in_supp,"c") != 0))
      {
        found = -1;
        for(i=0; i<25; ++i)

          {
             if(strcmp(in_supp, supp_no[i]) == 0)
               {
```

```
                found = i;
                wmove(win_supp, 1, 12);
                wclrtoeol(win_supp);
                waddstr(win_supp, supp_name[i]);
                wmove(win_supp, 1, 10);
                wrefresh(win_supp);
                break;
               }
        }
        if(found == -1)
               {
                wmove(win_supp, 1, 12);
                wclrtoeol(win_supp);
               }
                wmove(win_supp, 0, 10);
                wgetstr(win_supp, in_supp);
      }
        if(strcmp(in_supp, "q") == 0)
               {
                endwin();
                exit(0);
               }
        if(strcmp(in_supp, "c") == 0)
               {
                 win_ind = 1;
                 return(0);
               }
  }
```

이 프로그램에서는 두개의 중복(overlapping) 윈도우를 사용하는데 한 윈도우는 어떤 부품 번호에 대한 부품을 설명하기 위하여 사용하고 다른 윈도우는 해당 부품 번호에 대한 부품 공급자 이름을 나타내기 위한 것이다. 부품 번호 혹은 부품 공급자 번호로서 문자 'c'를 입력하게 되면 한쪽 윈도우에서 다른 쪽 윈도우로 바뀐다. 'q'문자를 입력하면 프로그램이 종료된다. 중복 윈도우 환경에서 wrefresh함수를 이용 할 때 최적 refresh를 위해서 최종 wrefresh가 사용된 이후에 변화된 화면 내용이 refresh된다. 어쨌든 중복 윈도우는 해당 화면에만 기록할 수 있다. touchwin함수의 호출시 전체 윈도우가 변경되었다고 가정하며 전체 윈도우에 다시 기록한다. 따라서 touchwin함수는 중복 윈도우의 refresh를 위해서 사용하는 것이 좋다. 이 프로그램은 첫째로 두개의 윈도우를 초기화한다. win_ind변수는 다음에 디스플레이 되는 윈도우 track을 보관하기 위해서 사용한다. parts함수는 해당 부품 번호에 대응하는 부품 설명을 처리하는 윈도우를 조작하고 suppliers함수는 부품 공급자 번호에 대응하는 공급자 이름을 나타내는 윈도우를 조작한다. 윈도우는 delwin함수를 이용하여 삭제시킬 수 있다.

window간 이동은 mvwin함수를 이용하는데 예로서

```
mvwin(win1, 3, 5);
```

은 win1 윈도우의 3행 5열의 좌 상단 모서리에서 시작하도록 한다.

연습문제

1. 다음은 방향키 값을 응용하는 프로그램이다. 실행 결과를 참조하여 up(↑) 및 down(↓)키의 입력도 허용하도록 프로그램을 수정하라.

```
#include<stdio.h>
#include <curses.h>
int main(void)
{
        char *ch;
        int key;
        initscr();
        move(18, 0);
        addstr("방향키 또는 Esc를 선택하시요.");
        refresh();
        keypad(stdscr,TRUE); /* 펑션키 사용 상태로 */
        key = getch();
        while(1)
        {
                switch(key)
                {
                        case 0x1b:
                                refresh();
                                endwin();
                                attron(A_BLINK);
                                printf("Esc키를 선택함!!\n");
                                attroff(A_BLINK);
```

```
                    exit();

            case KEY_RIGHT:
                    refresh();
                    endwin();
                    printf("오른쪽 키 선택!\n");
                    exit();
            case KEY_LEFT:
                    refresh();
                    endwin();
                    printf("왼쪽 키 선택!\n");
                    exit();
            } /* switch문 */
    }
    endwin();
    return 0;
}
```

2. 다음은 10진수를 2진수로 변환하는 프로그램이다. 프로그램을 분석한 후 10진수를 8진수, 16진수로 변환하도록 프로그램을 수정하여라.

```
#include <stdio.h>
#include <curses.h>
 int main(void)
{
        int i=0;
        int binary;
        int xcoord;
        initscr();
```

```
        printw("\n 양의 정수를 입력하시오 : ");
        scanw("%d", &binary);

        for(xcoord = 20; binary > 0; binary /= 2)

        {
                move(20, xcoord--);
                printw("%d", binary%2);
        }
        refresh();
        endwin();
        return 0;
}
```

3. 다음 프로그램을 분석한 후 그 기능을 설명하라.

```
#include <stdio.h>
#include <curses.h>
 int main(void)
{
        int i, j;
        int xcd=1, ycd=1, xflag=1, yflag=1;
        initscr();
        while( j++ < 552)
        {
                if(xflag)xcd++; else xcd--;
                if(yflag)ycd++; else ycd--;
                        if(xcd==1) xflag=1;
                        if(xcd==75) xflag=0;
```

```
                    if(ycd==1) yflag=1;
                    if(ycd==23) yflag=0;
                move(ycd, xcd);
                printw("o");
                for(i = 0; i < 127670; i++)
                                            ;
                /*      move(ycd, xcd);
                        printw(" ");   */
        refresh();
        }
        endwin();
        return 0;
}
```

4. 다음 프로그램을 분석 후 기능을 설명하라.

```
#include<stdio.h>
#include <curses.h>
int main(void)
{
        int i, j, l, m, n, k;
        int key;
        static char title[4][11]={"1.입력메뉴", "2.출력메뉴",
                                  "3.정정메뉴", "4.종료"};
        static int x[]={5, 20, 35, 50}, y[]={3, 3, 3, 3};
        initscr();

/* menu projecting */
```

```
for(i=0; i<4; i++)
{
        move(y[i], x[i]);
        addstr(title[i]);
}
move(22, 0);
addstr("끝마치려면 Esc key를 누르십시요");
move(21, 0);
addstr("방향키로 메뉴를 선택하시요");
refresh();
i=0;
keypad(stdscr, TRUE);
while(1)
{
        key=getch();
        switch(key)
        {
        case 0x1b :
                refresh();
                endwin();
                system("clear");
                exit();
        case KEY_RIGHT :
                move(y[i], x[i]);
                addstr(title[i]);
                i = i + 1;
```

```
                    break;
                case KEY_LEFT :
                    move(y[i], x[i]);
                    addstr(title[i]);
                    i = i - 1;
                    break;
                }
                if(i<0)
                i=3;
                if(i>3)
                i=0;
                attron(A_REVERSE);
                move(y[i], x[i]);
                addstr(title[i]);
                attroff(A_REVERSE);
                refresh();
        }
        refresh();
        endwin();
        clear();
        return 0;
}
```

5. 다음 프로그램과 12.13.4 절의 예제 프로그램과 비교 후 차이점을 설명하라. 중복 윈도우를 추가시켜 4개의 윈도우 환경으로 프로그램을 수정하라.

```
#include<stdio.h>
#include <curses.h>
int win_ind;
```

```
WINDOW *win_parts, *win_supp, *win_test;
char part_no[25][8], part_desc[25][25], supp_no[25][8];
char supp_name[25][25], test_no[25][8], test_name[25][25];
 int main(void)
{
        FILE *fp_parts, *fp_supp, *fopen(), *fp_test;
        int eof=2, i=0;
        fp_parts = fopen("parts.file", "r");
        fp_supp = fopen("supp.file", "r");
        fp_test = fopen("test.file", "r");

/*** Initialize the parts and suppliers array from the file ***/
        while(1)
        {
        eof=fscanf(fp_parts,"%s%s",part_no[i],part_desc[i++]);
        if(eof == EOF) break;
        }
        eof=2;
        i=0;
        while(1)
        {
        eof=fscanf(fp_supp,"%s%s",supp_no[i], supp_name[i++]);
        if(eof == EOF) break;
        }

        eof=3;
        i=0;
        while(1)
        {
```

```
        eof=fscanf(fp_test,"%s%s",test_no[i], test_name[i++]);
        if(eof == EOF) break;
        return 0;
        }

/*** Initialize the three prompts for the three windows ***/
initscr();
        win_parts=newwin(0,0,0,0);
        win_supp = newwin(0,0,0,0);
        win_test = newwin(0,0,0,0);
        wmove(win_supp, 0, 0);
        waddstr(win_supp, "Supp no : ");
        wmove(win_test, 0, 0);
        waddstr(win_test, "Test no : ");
        wmove(win_parts, 0, 0);
        waddstr(win_parts, "Part no : ");
        wmove(win_supp, 1, 0);
        waddstr(win_supp, "Supp name : ");
        wmove(win_test, 1, 0);
        waddstr(win_test, "Test desc : ");
        wmove(win_test, LINES-2, 0);
        waddstr(win_test,"Enter c1, c2 to change window,q to quit ");
        wmove(win_parts, 1, 0);
        waddstr(win_parts, "Part desc : ");
        wmove(win_parts, LINES-2, 0);
        waddstr(win_parts,"Enter c2,c3 to change window,q to quit ");
        wmove(win_supp, LINES-2, 0);
        waddstr(win_supp,"Enter c1,c3 to change window,q to quit
        ");
        win_ind = 1;
```

```
        while(1)
        {
                switch(win_ind)
                {
                case 1 :
                        parts();
                        break;
                case 2 :
                        suppliers();
                        break;
                case 3 :
                        test();
                        break;
                }
        }
}

/*** function to manipulate the parts window ***/
parts()
{
        int i, found;
        char in_part[8];
        touchwin(win_parts);
        wmove(win_parts, 0, 10);
        wgetstr(win_parts, in_part);
         while((strcmp(in_part,"q")!=0)&&(strcmp(in_part,"c2")!= 0)
            &&(strcmp(in_part,"c3") != 0))
        {
                found = -1;
```

```
                for(i=0; i<25; ++i)
                {
                        if(strcmp(in_part, part_no[i]) == 0)
                        {
                                found = i;
                                wmove(win_parts, 1, 12);
                                wclrtoeol(win_parts);
                                waddstr(win_parts,
                                part_desc[i]);
                                wmove(win_parts, 1, 10);
                                wrefresh(win_parts);
                                break;
                        }
                }
                if(found == -1)
                {
                        wmove(win_parts, 1, 12);
                        wclrtoeol(win_parts);
                }
                wmove(win_parts, 0, 10);
                wgetstr(win_parts, in_part);
        }

/*** if q quit the session ***/
        if(strcmp(in_part, "q") == 0)
        {
                endwin();
                exit(0);
        }
```

```
/*** if c change the window ***/
          if(strcmp(in_part, "c2") == 0)
          {
                    win_ind = 2;
                    return(0);
          }
          if(strcmp(in_part, "c3") == 0)
          {
                    win_ind = 3;
                    return(0);
          }
}
/*** function to manipulate the suppliers window ***/
suppliers()
{
          int i, found;
          char in supp[8];
          touchwin(win_supp);
          wmove(win_supp, 0, 10);
          wgetstr(win_supp, in_supp);
          while((strcmp(in_supp,"q")!-0)&&(strcmp(in_supp,"c1")!= 0)

               &&(strcmp(in_supp,"c3")!= 0))
          {
                    found == -1;
                    for(i=0; i<25; ++i)
                    {
                              if(strcmp(in_supp, supp_no[i]) == 0 )
                              {
```

```
                    found = i;
                    wmove(win_supp, 1, 12);
                    wclrtoeol(win_supp);
                    waddstr(win_supp,

                    supp_name[i]);
                    wmove(win_supp, 1, 10);
                    wrefresh(win_supp);
                    break;
                }

            }
            if(found == -1)
            {
                wmove(win_supp, 1, 12);
                wclrtoeol(win_supp);
            }
            wmove(win_supp, 0, 10);
            wgetstr(win_supp, in_supp);
        }
        if(strcmp(in_supp, "q") == 0)
        {
            endwin();
            exit(0);
        }
        if(strcmp(in_supp, "c1") == 0)
        {
            win_ind= 1;
            return(0);
```

```
        }
        if(strcmp(in_supp, "c3") == 0)
        {
                win_ind = 3;
                return(0);
        }
}

/*** function to manipulate the test window ***/
test()
{
        int i, found;
        char in_test[8];
        touchwin(win_test);
        wmove(win_test, 0, 10);
        wgetstr(win_test, in_test);
          while((strcmp(in_test,"q")!=0)&&(strcmp(in_test,"c1")!=0)
                 &&(strcmp(in_test,"c2") != 0))
        {
                found = -1;
                for(i=0; i<25; ++i)
                {

                        if(strcmp(in_test, test_no[i]) == 0 )
                        {
                                found = i;
                                wmove(win_test, 1, 12);
                                wclrtoeol(win_test);
                                waddstr(win_test,
```

```
                                test_name[i]);
                                wmove(win_test, 1, 10);
                                wrefresh(win_test);
                                break;
                        }
                }
                if(found == -1)
                {
                        wmove(win_test, 1, 12);
                        wclrtoeol(win_test);
                }
                wmove(win_test, 0, 10);
                wgetstr(win_test, in_test);
        }

/*** if q quit the session ***/
        if(strcmp(in_test, "q")==0)
        {
                endwin();
                exit(0);
        }
/*** if c change the window ***/
        if(strcmp(in_test, "c2")==0)
        {
                win_ind = 2;
                return(0);
        }
        if(strcmp(in_test, "c1")==0)
        {
```

```
            win_ind = 1;
            return(0);
        }
    }
```

6. 다음 프로그램의 기능은 무엇인가?

```
#include <stdio.h>
#include <string.h>
main(int argc, char *argv[])
{
        FILE *ip;
        char buf[129];
        int i=1;
        ip = fopen(argv[2], "r");
        while(fgets(buf, 129, ip))
        {
                if(strstr(buf, argv[1]) != NULL)
                {
                        printf("%3d :  ", i);
                        fputs(buf, stdout);
                }
                i++;
        }
        fclose(ip);
        return 0;
}
```

부　　록

부록 A　문자의 ASCII값

부록 B　수학 계산용 함수

부록 C　연산자 우선순위와 결합법칙

부록 A 문자의 ASCII값

문자에 할당된 코드값				Char	키보드상의 Key
Dex	Hex	Oct	Binary		
0	00	00	000 0000	NUL	CTRL/1
1	01	01	000 0001	SOH	CTRL/A
2	02	02	000 0010	STX	CTRL/B
3	03	03	000 0011	ETX	CTRL/C
4	04	04	000 0100	EOT	CTRL/D
5	05	05	000 0101	ENQ	CTRL/E
6	06	06	000 0110	ACK	CTRL/F
7	07	07	000 0111	BEL	CTRL/G
8	08	10	000 1000	BS	CTRL/H, BACKSPACE
9	09	11	000 1001	HT	CTRL/I, TAB
10	0A	12	000 1010	LF	CTRL/J, LINE FEED
11	0B	13	000 1011	VT	CTRL/K
12	0C	14	000 1100	FF	CTRL/L
13	0D	15	000 1101	CR	CTRL/M, RETURN
14	0E	16	000 1110	SO	CTRL/N
15	0F	17	000 1111	SI	CTRL/O
16	10	20	001 0000	DLE	CTRL/P
17	11	21	001 0001	DC1	CTRL/Q
18	12	22	001 0010	DC2	CTRL/R
19	13	23	001 0011	DC3	CTRL/S
20	14	24	001 0100	DC4	CTRL/T
21	15	25	001 0101	NAK	CTRL/U
22	16	26	001 0110	SYN	CTRL/V
23	17	27	001 0111	ETB	CTRL/W
24	18	30	001 1000	CAN	CTRL/X
25	19	31	001 1001	EM	CTRL/Y

문자에 할당된 코드값				Char	키보드상의 Key
Dex	Hex	Oct	Binary		
26	1A	32	001 1010	SUB	CTRL/Z
27	1B	33	001 1011	ESC	ESC, ESCAPE
28	1C	34	001 1100	FS	CTRL\
29	1D	35	001 1101	GS	CTRL]
30	1E	36	001 1110	RS	CTRL^
31	1F	37	001 1111	US	CTRL_
32	20	40	010 0000	SP	SPACEBAR
33	21	41	010 0001	!	!
34	22	42	010 0010	"	"
35	23	43	010 0011	#	#
36	24	44	010 0100	$	$
37	25	45	010 0101	%	%
38	26	46	010 0110	&	&
39	27	47	010 0111	`	`
40	28	50	010 1000	(	(
41	29	51	010 1001	)	)
42	2A	52	010 1010	*	*
43	2B	53	010 1011	+	+
44	2C	54	010 1100	'	'
45	2D	55	010 1101	-	_
46	2E	56	010 1110	.	.
47	2F	57	010 1111	/	/
48	30	60	011 0000	0	0
49	31	61	011 0001	1	1
50	32	62	011 0010	2	2
51	33	63	011 0011	3	3
52	34	64	011 0100	4	4
53	35	65	011 0101	5	5

문자에 할당된 코드값				Char	키보드상의 Key
Dex	Hex	Oct	Binary		
54	36	66	011 0110	6	6
55	37	67	011 0111	7	7
56	38	70	011 1000	8	8
57	39	71	011 1001	9	9
58	3A	72	011 1010	:	:
59	3B	73	011 1011	;	;
60	3C	74	011 1100	<	<
61	3D	75	011 1101	=	=
62	3E	76	011 1110	>	>
63	3F	77	011 1111	?	?
64	40	100	100 0000	@	@
65	41	101	100 0001	A	A
66	42	102	100 0010	B	B
67	43	103	100 0011	C	C
68	44	104	100 0100	D	D
69	45	105	100 0101	E	E
70	46	106	100 0110	F	F
71	47	107	100 0111	G	G
72	48	110	100 1000	H	H
73	49	111	100 1001	I	I
74	4A	112	100 1010	J	J
75	4B	113	100 1011	K	K
76	4C	114	100 1100	L	L
77	4D	115	100 1101	M	M
78	4E	116	100 1110	N	N
79	4F	117	100 1111	O	O
80	50	120	101 0000	P	P
81	51	121	101 0001	Q	Q

문자에 할당된 코드값				Char	키보드상의 Key
Dex	Hex	Oct	Binary		
82	52	122	101 0010	R	R
83	53	123	101 0011	S	S
84	54	124	101 0100	T	T
85	55	125	101 0101	U	U
86	56	126	101 0110	V	V
87	57	127	101 0111	W	W
88	58	130	101 1000	X	X
89	59	131	101 1001	Y	Y
90	5A	132	101 1010	Z	Z
91	5B	133	101 1011	[	[
92	5C	134	101 1100	\	\
93	5D	135	101 1101	]	]
94	5E	136	101 1110	^	^
95	5F	137	101 1111	-	-
96	60	140	110 0000	`	`
97	61	141	110 0001	a	a
98	62	142	110 0010	b	b
99	63	143	110 0011	c	c
100	64	144	110 0100	d	d
101	65	145	110 0101	e	e
102	66	146	110 0110	f	f
103	67	147	110 0111	g	g
104	68	150	110 1000	h	h
105	69	151	110 1001	i	i
106	6A	152	110 1010	j	j
107	6B	153	110 1011	k	k
108	6C	154	110 1100	l	l
109	6D	155	110 1101	m	m

문자에 할당된 코드값				Char	키보드상의 Key
Dex	Hex	Oct	Binary		
110	6E	156	110 1110	n	n
111	6F	157	110 1111	o	o
112	70	160	111 0000	p	p
113	71	161	111 0001	q	q
114	72	162	111 0010	r	r
115	73	163	111 0011	s	s
116	74	164	111 0100	t	t
117	75	165	111 0101	u	u
118	76	166	111 0110	v	v
119	77	167	111 0111	w	w
120	78	170	111 1000	x	x
121	79	171	111 1001	y	y
122	7A	172	111 1010	z	z
123	7B	173	111 1011	{	{
124	7C	174	111 1100	|	|
125	7D	175	111 1101	}	}
126	7E	176	111 1110	~	~
127	7F	177	111 1111	DEL	DEL, RUBOUT

ASCII 약어표

약 어	의 미	약 어	의 미
NUL	Null	DLE	Data link escape
SOH	Start of heading	DC1	Device control 1
STX	Start of text	DC2	Device control 2
ETX	End of text	DC3	Device control 3
EOT	End of transmission	DC4	Device control 4
ENQ	Enquiry	NAK	Negative acknowledge
ACK	Acknowledge	SYN	Synchronousidle
BEL	Bell	ETB	End of transmission block
BS	Backspace	CAN	Cancel
HT	Horizontal tabulation	EM	End of medium
LF	Line feed	SUB	Substitute
VT	Vertical tabulation	ESC	Escape
FF	Form feed	FS	File separator
CR	Carriage return	GS	Group separator
SO	Shift out	RS	Record separator
SI	Shift in	US	Unit separator
DEL	Delete	SP	Space(blank)

부 록 B 수학계산용 함수

함 수 명	기 능
abs	절대치 반환
acos	arc cosine 값 반환
asin	arc sine 값 반환
atan	arc tan 값 반환
atan2	arc tan 값 반환
ceil	해당실수에 위로 근접한 정수값 반환
cos	cosine 값 반환
cosh	hyperbolic cosine 값 반환
exp	지수(e^x)값 반환
fabs	절대값 반환 (double)
floor	해당실수에 아래로 근접한 정수값 반환
fmod	나머지값 반환
labs	절대값 반환 (long)
ldexp	해당실수 x 2 exp 값 반환
log	자연대수 값 반환
log10	상용대수 값 반환
modf	정수부와 소수부를 분리후 소수부반환
pow	해당제곱승 반환
rand	난수 생성 반환
sin	sin 값 반환
sinh	hyperbolic sin 값 반환
sqrt	제곱근값 반환
tan	tangent 값 반환
tanh	hyperbolic tangent 값 반환

부 록 C 연산자 우선순위와 결합법칙

<table>
<tr><th></th><th>연 산 자</th><th>결합방향</th></tr>
<tr><td></td><td>() [] -> .</td><td>→</td></tr>
<tr><td></td><td>! ~ ++ -- - (type) & * sizeof</td><td>←</td></tr>
<tr><td></td><td>* / %</td><td>→</td></tr>
<tr><td></td><td>+ -</td><td>→</td></tr>
<tr><td>높은쪽</td><td><< >></td><td>→</td></tr>
<tr><td>↑</td><td>< <= > >=</td><td>→</td></tr>
<tr><td></td><td>== !=</td><td>→</td></tr>
<tr><td></td><td>&</td><td>→</td></tr>
<tr><td>↓</td><td>^</td><td>→</td></tr>
<tr><td>낮은쪽</td><td>|</td><td>→</td></tr>
<tr><td></td><td>&&</td><td>→</td></tr>
<tr><td></td><td>||</td><td>→</td></tr>
<tr><td></td><td>?:</td><td>←</td></tr>
<tr><td></td><td>= += -= *= /= %= ^= &= |= 등</td><td>←</td></tr>
<tr><td></td><td>,</td><td>→</td></tr>
</table>

찾아보기

(#)

#define 215

#elif 225

#else 225

#endif 225

#if 225

#ifdcf 226

#ifndef 226

#include 221

#line 228

#undef 224

(-)

-tolower(c) 204

-toupper(c) 204

(1)

1's complement 53

16진수 24

1차원 배열과 포인터 163

1차원 배열을 함수에 전달 171

(2)

2차원 배열 포인터 사용 168

2차원 배열을 함수에 전달 174

(3)

3차원 배열의 포인터 사용 170

(8)

8진수 24

(A)

addch() 335

addstr() 337

AND 48

Argument 106

Arithmetic operator 43

ASCII 16

Assignment operator 44

Automatic variable 115

(B)

backspace 17

bell 17

Bit field 270

bitwise AND 53

Bitwise operator 53

bitwise OR 53

bitwise XOR 53

blank 5

break문 91

(C)

carriage return 17
cast 연산자 37
clearerr() 310
column 148
Comma operator 59
Comment 4
Conditional operator 60
Constants 5
continue문 92
cos() 112
curscr 338
curses 338
curses의 구성 333

(D)

Dangling else 사용 예 74
Data type 13
Data type conversion 36
decremental operator 51
digit 5
do-while문 84
double형 16

(E)

else-if형식 76
Enumeration 271
escape sequence 18
exit() 316
Extern variable 120

(F)

fclose() 297
feof() 310
ferror() 310
fflush() 322
fgetc() 303
fgetpos() 322
fgets() 304
float 16
fopen() 296
formfeed 17
for문 87
fprintf() 298
fputc() 303
fputs() 304
fread() 314
fscanf() 298
fseek() 317

fsetpos() 323
ftell() 319
fwrite() 314

(G)
getc() 300
getchar() 33
gets() 201
goto문 92

(I)
Identifier 5
Incremental operator 51
if-else문 71
implicit conversion 36
include 334
index() 199
int형 14
isalnum(c) 204
isalpha(c) 204
isascii(c) 204
iscntrl(c) 204
isdigit(c) 204
isgraph(c) 204
islower(c) 204
isprint(c) 204
ispunct(c) 204
isspace(c) 204
isupper(c) 204
isxdigit(c) 204

(K)
keyword 6

(L)
label 93
Logical operator 48
long int형 정수상수 14

(M)
main() 3
main()함수의 인수(Argument) 191
malloc() 262
math.h 112
Multi-dimensional array 147

(N)
newline 18
NOT 48
null 17

(O)

One dimensional array 143
OR 48

(P)

plane 148
Pointer 151
printf() 23
printf()함수의 변환 문자 24
promotion 36
putc() 300
putchar() 33
puts() 202

(R)

Recursion function 128
Register variabl 124
Relational operator 46
Reserved word 6
return문 108
rewind() 320
row 148

(S)

scanf 함수에 대한 변환 양식의 선택문자 291
scanf() 30
scanf() 함수의 형식 30
scanf()에 사용되는 변환 문자 290
Scop 113
Screen handling 333
scrollok() 337
shift left 53
shift right 53
short형 15
sin() 112
single quote 17
sizeof() 62
sqrt() 112
Static variable 117
stderr 308
stdin 308
stdout 308
Storage classs 114
strcat 197
strchr() 199
strcmp() 196
strcpy() 195
Stream 295
string.h 193
strlen(s) 194
strncat 197
strpbrk() 200
strstr() 200
switch문 77

(T)

tab 17

tan() 112

toascii(c) 204

tolower(c) 204

toupper(c) 204

typedef문 268

(U)

ungetc() 306

Union 265

unsigned short int형 28

(W)

while문 81

window사용 346

(ㄱ)

가인수 107

간접 연산자 156

간접 연산자 사용 158

감소 연산자 51

값 호출 107

강제결합 36

개행문자 5

격상 36

공백문자 5

공용체 265

공용체 배열의 사용 예 267

공용체와 구조체의 병용 268

관계 연산자 46

관계 연산자의 우선순위 46

관계 연산자의 종류 46

구조체 멤버 참조 244

구조체 배열을 함수에 전달 258

구조체 변수 선언 형식 240

구조체 포인터 연산자(->)의 이용 249

구조체(Structure)의 개요 237

구조체를 이용한 항목 처리 238

구조체와 함수 254

구조체의 배열과 포인터 사용 246

구조체의 정의 239

구조체의 중첩 252

구조체의 초기화 242

구조체의 포인터 사용 248

구조체의 형틀 239

규정 335

기억 클래스 114

기호 상수 6

(ㄴ)

내부정적변수 120

논리 연산식의 예 49

논리 연산자 48

논리 연산자의 우선순위 49

논리곱 48

논리부정 48
논리합 48

(ㄷ)
다중 선택구조 75
다차원 배열 147
단순 if문 69
대문자 5
대입 연산자 8
대입문 7

(ㄹ)
레이블 93
레지스터 변수 124

(ㅁ)
매크로 함수 217
매크로 함수의 특징 221
멤버(Member)의 접근 방법 244
면 148
묵시적 변환 36
문자 상수 6
문자 처리 함수 204
문자 탐색 함수 198
문자배열과 문자열 초기화 186
문자열 길이 변환 함수 193
문자열 배열 188
문자열 복사 함수 194
문자열 비교 함수 196
문자열 상수 6
문자열 연결 함수 197
문자열 입출력 함수 201
문자열 처리함수 193
문자열 탐색 함수 199
문자열(String)의 정의 185
문자열의 초기화 187
문자의 출력 338
문자의 특성 지정 341
문자형 16
문자형 변수의 선언형식 18

(ㅂ)
반복구조 69
반복문(Iterative Statement) 81
배열과 포인터 141
배열명을 포인터 상수로 이용 164
배정 연산자 44
번지연산자 & 30
변수의 영역 113
변환문자 23
복합 배정 연산자 57
복합문장 70
부동소수형 상수 6
부동소수점형 16
분기문 91
비출력문자 5

비트 논리 연산자 56
비트 단위 논리 연산자 53
비트 연산자 53
비트 필드 270
빈(null)문자 185

(ㅅ)
사용 문자 4
산술 연산자 43
상수 5
서브루틴 105
선언문 8
선택구조 69
선택문 69
선택제어문 69
소문자 4
수치 함수 112
순차구조 69
순환 함수 128
숫자 5
숫자 상수 6
스크린 scrolling 337
스크린의 초기화 336
스트림 295
승수함수 112
식별자 5
실인수 107
십진상수 14

(ㅇ)
역사선 17
열 148
열 정렬 24
열거형 271
예약어 6
외부 변수 120
외부 정적 변수 119
유효범위 114
이동 연산자 56
일차원 배열 143
입력방향지정자 84

(ㅈ)
자동 변수 115
자동변환 36
자료형 13
자료형의 변환 36
자료형의 종류 13
자신을 참조하는 구조체 259
전치 51
정밀도 24
정수 14
정수값의 크기 14
정수상수 14
정수형 14
정수형 변수의 선언형식 14
정수형 상수 6

정적 변수 117
제곱함수 112
제어문자열 30
조건 연산자 60
주석문 4
주소 연산자 154
주소전달에 의한 자료처리 159
중첩된(Nested) if문 73
증가 연산자 51
지수함수 exp() 112
지역변수 108

(ㅊ)
처리 종료 338
첨자의 상한 144
첨자의 하한 144
축소 36
출력 폭 24
출력 형식의 응용 24
출력방향지정자 84
출력항 변수 8

(ㅋ)
컴마 연산자 59
컴파일 334

(ㅌ)
탭문자 5
터미날 환경 336
특수문자 5

(ㅍ)
포인터 151
포인터 변수와 배열명과의 호환성 165
포인터 변수의 선언 152
포인터 변수의 연산자 154
포인터 변수의 참조관계 154
포인터와 함수 158
포인터의 개념 152
표준 출력함수 8
표준입력과 출력 283
프로그램 구조 7
프로시듀어 105
피호출 함수의 형 선언 110

(ㅎ)
하향식 설계 105
함수 간 배열 전달 171
함수 프로그램 7
함수 호출문 8
함수의 구조 105
함수의 범위 3
함수의 인수 106
함수의 인수로 주소를 사용 160
함수의 자료형 108
행 148

형식화된 입력함수 scanf() 289
형식화된 출력 함수 printf() 285
화면 갱신 337
화면 입력 338
화면 제어 사례 338
화면 처리 333
파일처리함수 295
확대 36
확장 문자열 18
우치 51

저자 이 희 영

- 고려대학교 대학원 석·박사
- 현 전주비전대학 컴퓨터정보과 교수

쉽게 배우는 **C언어 프로그래밍**

2011년 2월 20일 초판 인쇄
2011년 2월 25일 인쇄 발행

저　　자 이희영
발 행 인 송기수
발 행 처 도서출판 **GS인터비전**
편 집 처 도서출판 **GS인터비전**
인 쇄 처 삼성문화사

등록번호 제 2008 - 27호

I S B N 978-89-93668-76-6 (92560)

주　　소 서울 중랑구 묵동 신도브래뉴 1차 102동 1301호
전　　화 02-976-7898, 0707-720-7898
팩　　스 02-6468-7898
홈페이지 www.gsintervision.co.kr
이 메 일 gsinter7@chol.com

정 가 19,000 원